Contrabaixo Completo
para iniciantes

Jorge Pescara

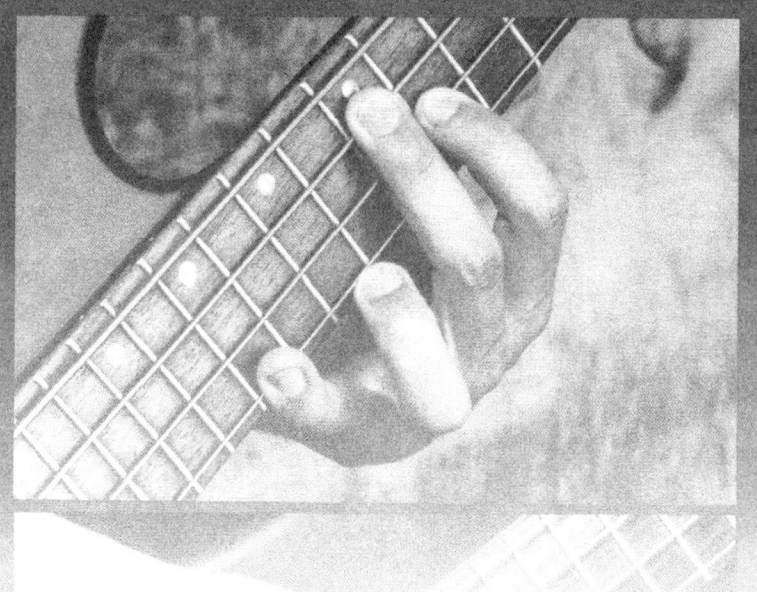

Teoria Musical
Técnica
Exercícios práticos

Nº Cat.: 367-M

Irmãos Vitale Editores Ltda.
www.vitale.com.br
Rua Raposo Tavares, 85 Jardim das Acácias São Paulo SP
CEP: 04704-110 Tel.: 11 5081-9499 Fax: 11 5574-7388

© Copyright 2004 by Irmãos Vitale Editores Ltda. - São Paulo - Rio de Janeiro - Brasil.
Todos os direitos autorais reservados para todos os países. *All rights reserved.*

CIP-BRASIL CATALOGAÇÃO NA FONTE
SINDICATO NACIONAL DOS EDITORES DE LIVROS, RJ

P561c

Pescara, Jorge
Contrabaixo completo para iniciantes
/ Jorge Pescara - São Paulo : Irmãos Vitale, 2004

il,, música

1 - Contrabaixo - Métodos.

I - Título

04-0933 ISBN 85-7407-183-8 *CDD-787.41*
ISBN 978-85-7407-183-1 *CDU-787.41*

02.04.04 *06.04.04* *006122*

Créditos

Projeto Gráfico e Capa
Wiliam Kobata

Fotografia
Fernando Rabello

Coordenação Editorial
Cláudio Hodnik

Produção Executiva
Fernando Vitale

ÍNDICE

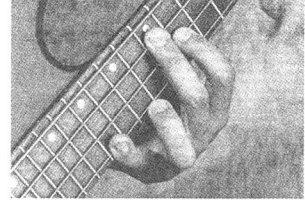
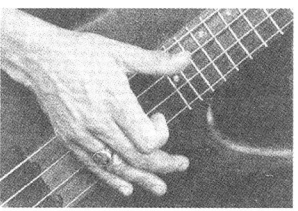

Prefácio	05
Introdução	06
O contrabaixo elétrico	07
Instalação das cordas	09
Afinação do contrabaixo	10
Outros equipamentos necessários	11
Teoria musical	12
Tablatura	12
Partitura	12
Valores de notas e pausas	13
Sobre a escrita em pentagrama (partitura)	14
Sobre a ligação dos colchetes	14
Características do tempo	14
Sobre a contagem de tempo	14
Como usar o metrônomo	15
Claves	15
Nomenclatura das notas musicais	16
Escrita do contrabaixo	16
Barras de compasso, repetição e final	17
Fórmulas de compasso	17
Acidentes musicais	18
Acentuação	18
Exercícios de cordas soltas	19
Exercícios de aquecimento	20
Tonalidade maior	23
Tonalidade menor natural	27
Escala menor harmônica	31
Escala menor melódica	35
Escala dominante	39
Escala diminuta	43
Escala aumentada	47
Escala pentatônica	51
Modos gregorianos	53
Encadeamento de arpejos	55
Encadeamentos em quartas	58
Encadeamentos cromáticos	58
Encadeamentos em terças menores	59
Encadeamentos em terças maiores	59
Estudos modais em quartas	60

PREFÁCIO

Você bem poderia estar lendo algo como:

Parabéns! Você acaba de adquirir um dos melhores contrabaixos fabricados atualmente. Leia atentamente este manual de instruções e desfrute ao máximo todas as possibilidades que seu instrumento pode oferecer.

Este livro não é um manual de instruções de nenhuma marca específica, mas bem que poderia ser adquirido junto a qualquer bom contrabaixo comercializado no país. Afinal, trata-se de um verdadeiro be-a-bá para iniciantes.

Pesquisador e estudioso do contrabaixo - seja na mera visão da concepção do instrumento até sua representatividade na música -, Jorge Pescara procura apresentar aos iniciantes ensinamentos e dicas, sem se ater profundamente a questões técnicas.

Neste livro a preocupação é em relação aos primeiros contatos com o instrumento, colocação das cordas, afinação, posicionamento dos dedos, regulagens etc. Fundamental para quem quer ser um contrabaixista completo.

Siga estes primeiros passos e aguarde novas orientações. Em caso de dúvidas quanto a este manual, consulte nosso 0800...

Abraços e boa leitura.

CARLOS EDUARDO CARDOSO
(jornalista)

INTRODUÇÃO

Este trabalho foi desenvolvido com o intuito de informar as novas gerações de músicos brasileiros e suprir a lacuna de métodos e cursos na área específica de contrabaixo elétrico em nosso país. Como este primeiro volume é voltado apenas para quem está nos passos inicias, outras obras seguirão, sobre várias outras técnicas e estilos conhecidos, para estudantes intermediários e avançados. Os exemplos são claros e auto-explicativos, mas por razões didáticas estão relacionados aos textos que demonstram como estudá-los e como aproveitar ao máximo as horas de estudo. Para atingir os objetivos pretendidos planeje cuidadosamente horários diários de estudo, de forma a obter total proveito. Comece com meia hora, todos os dias. Estude a parte técnica e os exercícios práticos propostos, além de tocar junto com gravações (K7, CD, DVD, LP, Dat, MD). Procure estudar, analisar e pesquisar outros livros, vídeos e métodos no mercado. Experimente, também, *sites* sobre contrabaixo elétrico na internet, as opções são muitas.

A maioria dos exemplos de escalas, tonalidades e arpejos deste livro partem da tonalidade de Dó, mas é imprescindível que se estude em todas as outras tonalidades (iniciando-os nas outras 11 tônicas).

Os exercícios estão demonstrados em partitura e com as digitações possíveis, o que facilita o estudo e a pesquisa. Abaixo de cada nota no pentagrama existem letras maiúsculas que determinam a corda em que se encontra a nota pretendida, enquanto o numeral demonstra o dedo a ser usado para digitar tal nota. Note a diferença entre:

Dedilhar: ato de beliscar, ou acionar, as cordas (normalmente com os dedos indicador e médio da mão direita).

Digitar: ato de pressionar as notas que serão tocadas (normalmente com os quatro dedos da mão esquerda, permanecendo o polegar apoiado atrás do braço do instrumento).

Note que os textos contidos neste livro são simples, pois a proposta é explanar as técnicas básicas para o iniciante.

AGRADECIMENTOS

A todos da Editora Irmãos Vitale, em especial a Cláudio Hodnik, Denise Borges e Fernando Vitale.
Aos meus *sponsors* Studio R, Selenium, Condor e Knob.
Ao super *roadie* e parceiro Cláudio Cordeiro.
Aos amigos de hoje e sempre Arnaldo DeSouteiro, Carlos Cardoso, Arthur Maia, Natálio Alves e respectivas famílias.
Para minha família inteira, Giovana Bárbara e Ana Rafaela em primeiro lugar, meus pais, primos, tios e avós.
Por toda a compreensão, apoio, lastro, paciência e amor da minha esposa Odila e seus peixinhos molinésia e minha filha Paola e seu boxer Smedly.

Ao Deus do meu coração,
    Deus de minha compreensão,
        Ao Cósmico.

    Paz

JORGE PESCARA

O CONTRABAIXO ELÉTRICO

O contrabaixo elétrico é um instrumento relativamente novo (desenvolvido em escala de produção em meados de 1951 por Leo Fender) em uma tentativa, bem sucedida, de misturar a sonoridade do contrabaixo acústico com a facilidade de transporte e amplificação da guitarra elétrica. É dividido em três partes básicas: corpo, braço e *hardware*.

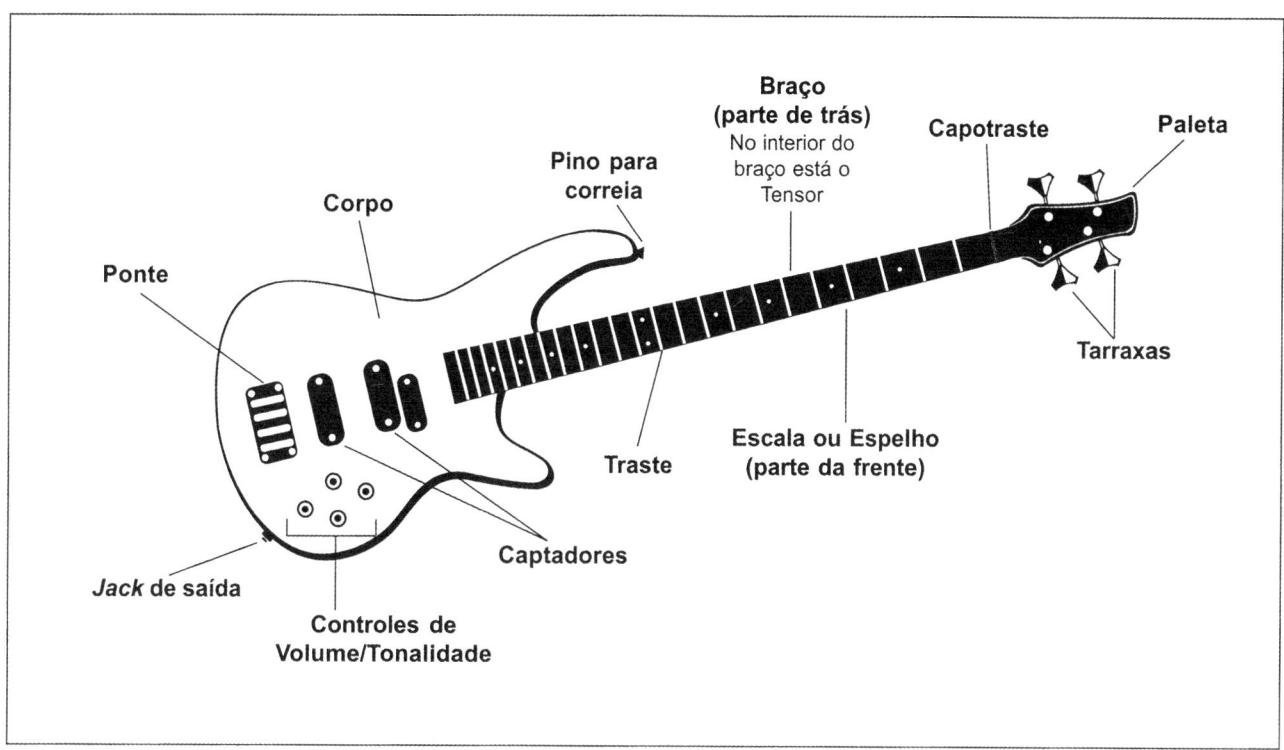

Como instrumentos de corda são sensíveis a mudanças bruscas de temperatura e umidade do ar, conserve-o em local ventilado dentro de um estojo térmico ou no suporte tripé específico para contrabaixos.

Cabe frisar uma pequena correção em função de traduções malfeitas das expressões "*acoustic bass*" e "*baixo acústico*". Primeiro é preciso esclarecer que contrabaixo e baixo são a mesma coisa; "contrabaixo" é a forma teórica/clássica/técnica de se referir ao instrumento, enquanto "baixo" é a maneira popular de expressar o mesmo objeto. Quanto às traduções observadas anteriormente, o termo em inglês "*acoustic bass*" refere-se ao *contrabaixo acústico* (da família do violino) usado em orquestras tocado, geralmente, com arco e em conjuntos de Jazz e Blues, onde é executado tanto com arco como (mais comumente) em pizzicato. Por outro lado o termo "*acoustic bass guitar*" refere-se ao *baixolão*, ou seja aquele contrabaixo que, embora também acústico por construção, vem da família do violão, apresentando o mesmo aspecto no formato do corpo. Alguns músicos populares, quando querem se referir ao *baixolão*, dizem que tocam "*baixo acústico*" alegando, com isto, que na tradução do termo *violão* (em inglês) encontra-se a terminologia "*guitar*". Um erro! Pois, o termo *guitar* em inglês, quando expressando *violão* é apenas uma simplificação popular da expressão completa "*acoustic guitar*" ou "*acoustic classical guitar*", da mesma forma que aqui designamos "*baixo*" ou "*contrabaixo*" o mesmo instrumento. Portanto observe as principais ramificações da família do contrabaixo:

Contrabaixo ou **baixo acústico - Acoustic Bass (Upright Bass)**: instrumento de grandes proporções, proveniente da família do violino. Os primeiros modelos possuíam apenas 3 cordas, sendo encontrado nos dias de hoje em modelos de até 6 cordas.

Contrabaixo ou **baixo elétrico - Electric Bass**: instrumento da família da guitarra elétrica. Usado em música popular, possui modelos com ou sem trastes, que variam em número de cordas (do baixo Music Man de 3 do baixista Tony Levin até o insólito modelo de 18 cordas da Hammer).

Contrabaixo ou **baixo elétrico vertical - Upright Electric Bass**: instrumento que é um misto de baixo elétrico (possui corpo maciço), e baixo acústico (possui braço e cordas de baixo acústico e pode ser tocado com arco).

Baixolão (por vezes chamado de Violaxo) **- Acoustic Bass Guitar**: instrumento acústico da família do Violão muito parecido com o Guitarrón Espanhol dos grupos Marriachi.

Existem duas formas distintas de posicionarmos o instrumento para o estudo. A primeira delas refere-se ao ato de tocar em pé. Usa-se uma correia (tira de couro, presa nas extremidades ao corpo do baixo), ajustada à altura que fique mais confortável ao executante.

Na outra maneira o instrumentista permanece sentado com o contrabaixo apoiado sobre o colo (geralmente sobre a coxa direita) e apoiando o braço direito sobre o corpo do instrumento.

Para dedilhar, alterna-se o movimento dos dedos indicador e médio (da mão direita para os destros), "raspando-os" contra as cordas.

Para digitar as notas, posicione os dedos da mão esquerda igualmente distribuídos, um para cada casa, sobre as cordas. Mantenha o polegar levemente apoiado atrás do braço do contrabaixo.

Postura de um instrumentista tocando em pé

Postura de um instrumentista tocando sentado

Mão direita

Mão esquerda

INSTALAÇÃO DAS CORDAS

Existem diversos tipos de cordas disponíveis no mercado, desde cordas (*flatwound*) com a sonoridade mais encorpada e com menos harmônicos, portanto mais apagada, até as arredondadas e ásperas (*roundwound*) com muitos harmônicos e timbre brilhante, passando pelo meio termo (*halfwound*) que é exatamente a corda *roundwound* lixada para ficar semilisa. O material da construção da corda também influencia no timbre e durabilidade do set. Várias ligas de metal são usadas na confecção de um jogo de cordas como, por exemplo, o níquel, o cobre e o bronze. Cabe ao músico testar e analisar cada possibilidade para estabelecer parâmetros de escolha. Após escolher o tipo de corda que mais se adapta ao seu gosto e estilo pessoal, demonstraremos, passo a passo, a instalação da mesma no instrumento.

Após desembalar as cordas do pacote plástico, separe-as e inicie o processo pela primeira (a mais estreita, geralmente a corda SOL para baixos de 4 ou 5 cordas). Passe a ponta fina pela abertura correspondente na ponte e estique-a até atingir a paleta. Meça o comprimento desta corda para que sobre apenas 4 dedos após o pescoço da tarraxa. Corte com alicate a quantidade que sobrar. Insira a ponta da corda no pescoço da tarraxa e gire-a no sentido em que a corda enrole do centro para fora da paleta. Não tencione em demasia a afinação neste momento, e importante: troque uma corda de cada vez, ou seja, não retire todas as cordas velhas ao mesmo tempo, pois a tensão sobre o braço varia muito facilmente e pode-se desajustar o tensor, necessitando, assim, de um luthier (artesão na construção e manutenção de instrumentos musicais) para efetuar os reajustes. Repita o processo com as outras cordas.

AFINAÇÃO DO CONTRABAIXO

Com a facilidade do afinador eletrônico, um dispositivo eletrônico que aponta com leds ou agulha V.U. as notas afinadas, torna-se prático afinar as cordas de qualquer instrumento. Porém, para *educar* seu ouvido aconselhamos aprender a afinar manualmente. Várias são as maneiras de se afinar as cordas do contrabaixo, mas para todas necessitamos identificar uma nota padrão inicial, que normalmente é a nota LA 440Htz. Para determinar esta freqüência pode-se usar um instrumento previamente afinado (qualquer instrumento *bem* afinado serve como guia) ou um diapasão que emita a nota desejada (ouvidos bem treinados utilizam a freqüência emitida pelo sinal de *linha* de telefone e afinam levemente acima desta). A partir deste ponto teremos duas possibilidades:

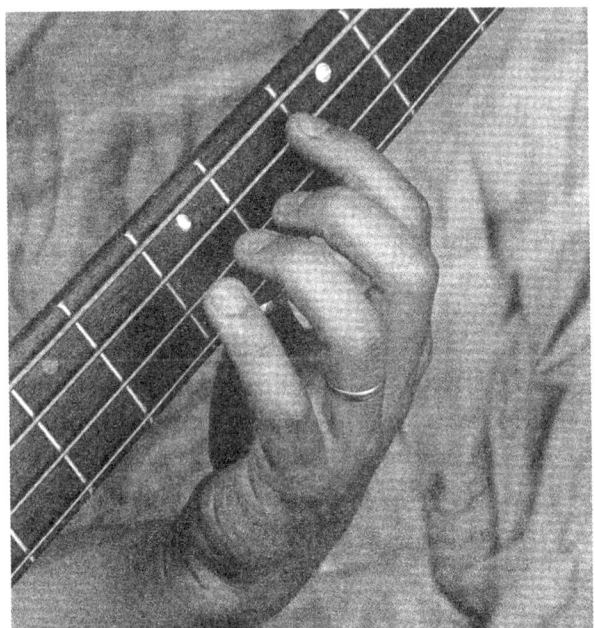

AFINAÇÃO ATRAVÉS DA QUINTA CASA - Após afinar a terceira corda (Lá 440) digite a quinta casa (quinto traste) e dedilhe a nota Ré. Toque a corda abaixo (segunda corda Ré) e gire a tarraxa até igualar os dois tons. Lembre-se: se a nota à ser afinada estiver acima da afinação padrão, solte a corda devagar. Se, ao contrário, a corda estiver abaixo da afinação, tencione-a apertando a tarraxa. Repita a operação com a primeira corda (Sol). Para afinar a quarta corda (Mi), digite o quinto traste desta e iguale ao som da terceira corda (Lá) completamente solta.

AFINAÇÃO ATRAVÉS DE HARMÔNICOS - É necessário o aluno ter um conhecimento mínimo sobre harmônicos. De qualquer modo, harmônicos são notas extremamente agudas extraídas encostando levemente o dedo sobre um ponto específico da corda (por exemplo, sobre o 12º traste), dedilhando-a em seguida. Aguarde volume específico sobre harmônicos. Novamente, após afinar a terceira corda (Lá), digite e toque o harmônico do quinto traste desta mesma corda e, em seguida (deixando soar o anterior), o harmônico do sétimo traste da corda Ré igualando ao anterior. Repita esta operação com as cordas Ré e Sol, além de Mi e Lá.

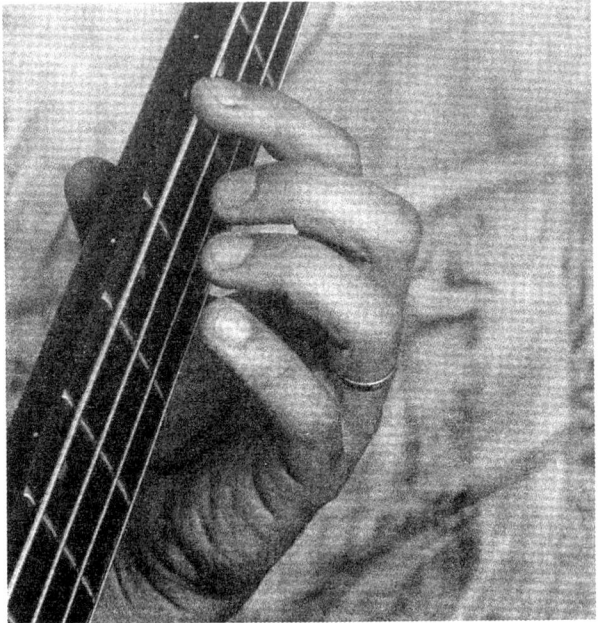

OUTROS EQUIPAMENTOS NECESSÁRIOS

Para o estudo efetivo do contrabaixo elétrico necessitamos de um amplificador de, no mínimo, 25Watts. Pequenos amplificadores de estudo são encontrados no mercado musical, porém para apresentações ao vivo conte sempre com aparelhagens de 200watts RMS (potência nominal real) para poder competir com o volume de som dos bateristas e guitarristas! As regulagens de volume e tonalidade ficam por conta do gosto pessoal.

A interligação entre o instrumento e o amplificador se faz através de um fio com dois conectores P10 (erroneamente chamados de *plugs* banana, já que esta é a denominação de um outro tipo de *plug* completamente diferente). Este fio é chamado popularmente de "cabo". Ligue uma ponta do cabo na entrada do amplificador e a outra ponta no *jack* de saída do instrumento.

Para marcarmos os tempos rítmicos dos estudos recorremos ao metrônomo. Este dispositivo (eletrônico quando funciona através de bateria 9v ou alimentador DC; mecânico quando funciona a corda) emite 'clicks' a intervalos regulares, ajustáveis.

Para substituir os dedos no dedilhado das cordas, podemos usar uma peça plástica, em geral na forma triangular, denominada "palheta". Ao usá-la segure-a com os dedos indicador e polegar, raspando-a nas cordas em movimentos ascendentes e/ou descendentes.

TEORIA MUSICAL

Este é apenas um capítulo condensado de teoria musical, porém, contém o essencial para o treinamento de leitura, solfejo e escrita de partituras. O estudo teórico é muito importante para o progresso e desenvolvimento do aprendiz. No caso da leitura de notas escritas no pentagrama musical (partitura), somente a prática constante aumentará a velocidade de identificação e interpretação das mesmas. Há muito texto nesta obra e este fator é levado em consideração para que haja o máximo aproveitamento de seu conteúdo. Portanto, leia devagar e pausadamente cada parágrafo (releia se necessário) até entender o sentido das frases. Quanto mais conhecimento adquirirmos, mais ferramentas disponíveis teremos à nossa disposição.

TABLATURA

O leitor perceberá que no decorrer deste livro todos os exercícios estão em formato padrão (partitura) e apenas *alguns poucos* em **escrita alternativa** (tablatura). Cabe frisar que a tablatura está inserida simplesmente para guiar um ponto de partida, não sendo aconselhável viciar-se neste tipo de escrita, que além de simplório (não contém toda a realidade de uma obra) **não** é usado como forma de escrita profissional em nenhum lugar do mundo. Usam-se tablaturas apenas em livros e matérias didáticas, o que, a meu ver, causa um problema de deficiência na leitura **real,** que é a partitura. Lembre-se: em qualquer *gig* (trabalho) profissional do qual você vá participar encontrará um papel contendo cifras e/ou partitura, **nunca** uma tablatura. Então pergunto: por que perder tempo se não a utilizaremos profissionalmente? Estude teoria musical, tenha um bom ouvido e crie diversas digitações diferentes para cada exemplo do livro, não se prendendo, em nenhum momento, apenas àquela que está demonstrada na tablatura.

PARTITURA

Pentagrama: consiste de um pautado especial de cinco linhas e quatro espaços eqüidistantes entre si, utilizado para a representação dos sinais gráfico-musicais.

```
5ª linha ———————————————————
4ª linha ———— 4º espaço ——————
3ª linha ———— 3º espaço ——————
2ª linha ———— 2º espaço ——————
1ª linha ———— 1º espaço ——————
```

Para a localização das notas, contam-se as linhas e os espaços de baixo para cima. Utilizam-se, também, linhas e espaços suplementares, acima ou abaixo do pentagrama, para adicionar campo para notas mais agudas ou mais graves do que o pentagrama comporta. Outra saída seria a troca de claves (mais sobre claves adiante). Grafam-se as linhas suplementares com pequenos traços sobrepostos um para cada nota necessária.

COMPOSIÇÃO DE UMA NOTA

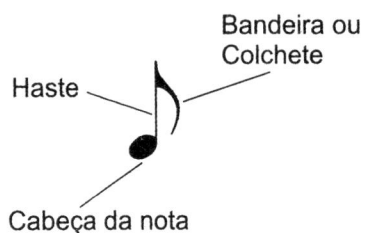

VALORES DE NOTAS E PAUSAS

Na atual escrita musical são utilizados sete valores de notas e suas respectivas pausas. Nota-se que as figuras rítmicas seguem uma progressão fracionária.

Nome	Valor	Nota	Pausa
O maior valor é de Semibreve	1	𝅝	𝄻
sua metade é a Mínima	½	𝅗𝅥	𝄼
sua metade é a Semínima	¼	♩	𝄽
sua metade é a Colcheia	1/8	♪	𝄾
sua metade é a Semicolcheia	1/16	𝅘𝅥𝅯	𝄿
sua metade é a Fusa	1/32	𝅘𝅥𝅰	𝅀
Sua metade é a Semifusa	1/64	𝅘𝅥𝅱	𝅁

SOBRE A ESCRITA EM PENTAGRAMA (PARTITURA)

Notas e pausas são escritas sobre/e entre as linhas e espaços do pentagrama. Para tanto, deve ser observado o seguinte critério: Toda nota que contiver haste e estiver escrita **até** a terceira linha do pentagrama, tal haste deverá estar à direita da cabeça da nota e acima da mesma. Quando a nota estiver **acima** da terceira linha à haste deverá estar à esquerda e abaixo da cabeça da nota. Se estas mesmas notas contiverem colchetes, estes deverão começar na ponta da haste sempre voltada para a direita:

SOBRE A LIGAÇÃO DOS COLCHETES

Quando duas ou mais notas que contenham colchetes estiverem dispostas dentro da mesma métrica fraseológica (mesma pulsação rítmica) poderão ser unidas, mesmo que possuam quantidades de colchetes diversos.

CARACTERÍSTICA DO TEMPO

A duração de tempo dos valores musicais é relativa em sua métrica, pois depende de uma série de fatores, como andamento (velocidade das pulsações rítmicas a intervalos regulares) e fórmula de compasso, que determinam a unidade de compasso ou valor base, para tornarem-se absolutos. Isto quer dizer que para sabermos o tempo de duração de uma semibreve temos antes de saber a fórmula de compasso e o andamento da música em questão. Tudo o que podemos afirmar de antemão é que o valor do exemplo acima (semibreve) equivale ao dobro de uma semínima.

SOBRE A CONTAGEM DE TEMPO

Imaginando o tempo como uma reta infinita, dividida em vários segmentos a intervalos regulares (de um ao quatro: 1, 2, 3, 4; 1, 2, 3, 4; etc.) criamos as marcações ou batidas da pulsação. Se marcarmos estes tempos com passos, ou seja, cada batida sendo um passo alternado dos pés direito e esquerdo, perceberemos o caminhar (andar) do tempo ou música. Para termos uma noção mais ampla do que foi descrito acima, ligue o metrônomo a 60BPMs e a cada "tic-tac" do mesmo, bata as palmas das mãos (em movimentos regulares e constantes). Assim, criamos também a noção do contratempo que nada mais é do que a subida da palma antes da batida contra a outra. O contratempo se convenciona na pronúncia da conjunção "e", Lê-se: 1 e 2 e 3 e 4 etc. Voltando ao exemplo dos passos podemos intercalar os mesmos da seguinte maneira: Imaginando que estivéssemos marchando, batemos o pé direito ao chão a cada beat. Exatamente na metade do tempo entre um pulso e outro intercalamos o pé esquerdo, onde encontraremos o contratempo. Um fator importante neste ínterim é o movimento ritmado, sendo uma parte do tempo acentuada (ou a batida do pé no chão) considerado tempo forte (chamado de tésis), enquanto outra parte, sem acentuação (ou o levantar do pé), é considerada o tempo fraco (chamado de ársis).

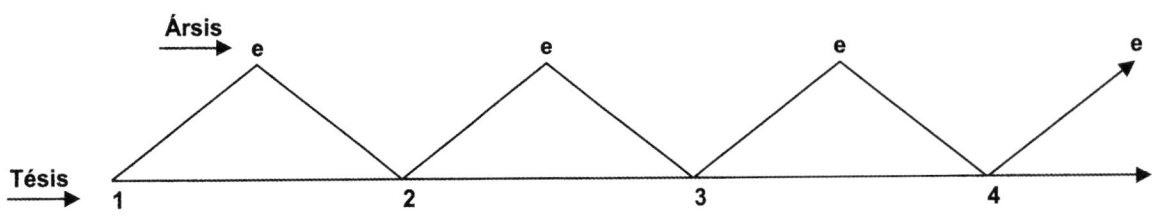

COMO USAR O METRÔNOMO

Há três formas distintas de se tocar uma nota, a saber:
1. **À TEMPO** (*ON THE POCKET*) - tomando como ponto de partida uma semínima, *tocar a tempo* significa executar a nota **exatamente** no mesmo momento do click do metrônomo, de tal modo que o som desta nota encubra o beat e não permita distingui-lo. Útil em Heavy Metal, música Erudita, Concreta, Eletrônica, Seqüenciada e afins.
2. **À FRENTE** ou **ADIANTADO** (*STARIGHT AHEAD*) - consiste em tocar a nota antes do beat, mas sem deturpá-lo. Com isto podemos ouvir o ataque da nota e logo em seguida o click do metrônomo. Proporciona a sensação de estarmos *empurrando* os tempos para frente dando "punch ao som". Útil no Jazz, Blues, Shuffle, Folk, Funk, etc.
3. **PARA TRÁS** (*LAID BACK*) - toca-se a nota após o click (por trás dele) do metrônomo. Provoca a sensação de se estar tocando puxando o "groove" (condução rítmica) para trás. Útil em Samba, Salsa, Afro, Reggae, Charm, Soul, etc.

Pode-se determinar, também, a quantidade e a localização da pulsação rítmica para mudar a velocidade dos exercícios. Isto proporciona precisão e firmeza.

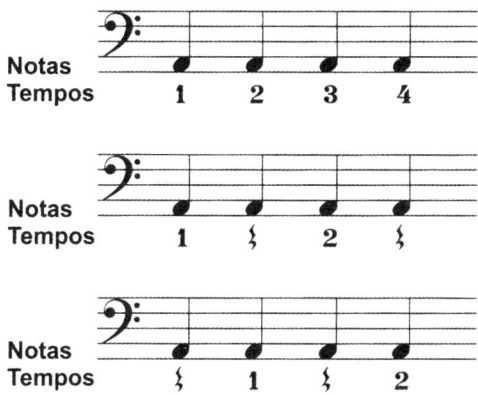

CLAVES

Utilizam-se símbolos gráficos (chamados clave) no início do pentagrama para designar a nomenclatura das notas. As três claves mais usadas são:

CLAVE DE **SOL** para instrumentos agudos.

 CLAVE DE **DÓ** para voz e instrumentos tenores.

 CLAVE DE **FÁ** para instrumentos graves.

NOMENCLATURA DAS NOTAS MUSICAIS

O músico e teórico Guido D'Arrezo (Séc. XI) é considerado o idealizador da nomenclatura das notas musicais. Esta foi extraída das primeiras sílabas de cada verso da primeira estrofe do hino a São João Batista, onde a melodia corresponde à escala usada. As últimas sílabas formam as iniciais Sancte Iohannes (São João). Em 1636 a pronúncia *UT* foi alterada para *DO* por um cantor italiano (Signori **Do**ni) usando seu próprio nome(!).

"**UT** queant laxis	"Para nós, servos com
REsonare fibris	nitidez e língua desimpedida
MIra gestorum	o milagre e a força dos
FAmuli tuorum	teus feitos elogiemos
SOLve polluti	tira-nos a grave culpa
LAbil reatum	da língua manchada
Sancte Iohannes"	Ó São João!"

Existem sete notas musicais que seguem o padrão ascendente e descendente, sendo a oitava nota uma repetição da primeira. Tais notas são designadas através dos seguintes monossílabos:

NOTAS:	LÁ	SI	DÓ	RÉ	MI	FÁ	SOL	(LÁ)
CIFRAS:	A	B	C	D	E	F	G	(A)

Decore o círculo abaixo, partindo de qualquer nota. Nomeando a nota subseqüente, prossiga até retornar ao ponto de partida. Faça isto com todas as notas, em ambos os sentidos.

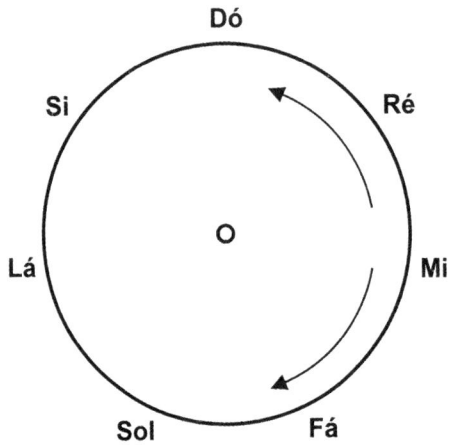

ESCRITA DO CONTRABAIXO *

Para o contrabaixo, utiliza-se a clave de FÁ na quarta linha. A nota que estiver sobre esta linha levará o nome da clave. A partir desta, as notas acima sobem a escala, enquanto as que estiverem abaixo, descem:

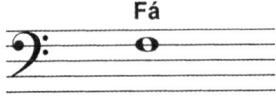

* vide o instrumento transpositor à frente.

BARRAS DE COMPASSO, REPETIÇÃO E FINAL

Divide-se o pentagrama com uma linha simples e perpendicular chamada barra de compasso. Esta barra serve para demarcar o preenchimento de tempo requisitado pela fórmula de compasso:

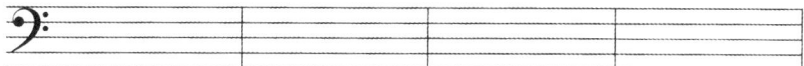

Duas linhas perpendiculares de espessuras diferentes marcam o final do trecho musical:

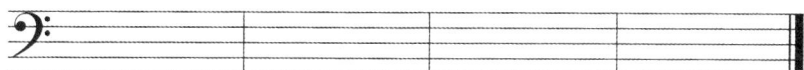

Dois jogos opostos de linhas perpendiculares com dois pontos adicionados marcam o trecho musical a ser repetido entre elas:

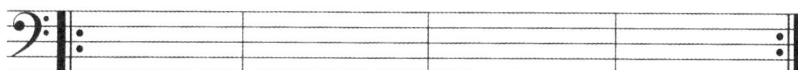

*para efeito de estudo planejado, os exercícios desta obra devem ser repetidos *"ad infinitum"*, ou seja, inúmeras vezes.

FÓRMULAS DE COMPASSO

Demarca-se a qualidade dos compassos com dois números sobrepostos no começo do pentagrama, logo após a clave:

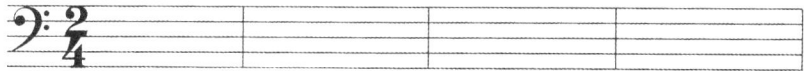

O número inferior indica a qualidade da nota (unidade de tempo):

1= semibreve, 2= mínima, 4= semínima, 8= colcheia, etc.

O número superior indica a quantidade de notas que cabem em cada compasso (unidade de compasso). Exemplo: em **4/4** (também escrito **C**, que significa Tempo **C**omum) cabem quatro semínimas (ou valores equivalentes: 2 mínimas, 1 semibreve, etc.) em cada compasso.

ACIDENTES MUSICAIS

São sinais gráficos que alteram a entonação das notas. Os acidentes musicais colocados ao lado da clave (armadura de clave) alteram as notas de mesmo nome por toda a música. Os acidentes ao lado das notas alteram somente aquele compasso. O tom (entonação ou afinação) das notas pode ser elevado ou rebaixado mediante os seguintes sinais:

♯ **SUSTENIDO** eleva a nota em meio tom,

♭ **BEMOL** rebaixa a nota em meio tom,

♮ **BEQUADRO** anula os anteriores,

DOBRADO SUSTENIDO eleva a nota em um tom inteiro,

♭♭ **DOBRADO BEMOL** rebaixa a nota em um tom inteiro,

DOBRADO BEQUADRO anula os anteriores,

♮♯ ♮♭ **BEQUADRO SUSTENIDO** e **BEQUADRO BEMOL** anulam respectivamente somente um dos acidentes dobrados, mantendo o outro.

ACENTUAÇÃO

Toda e qualquer nota possui uma acentuação particular chamada *agógica* (intensidade inerente do próprio agrupamento de tempos no compasso). Desta forma, temos no compasso quaternário o primeiro tempo forte, o segundo fraco, o terceiro ½ forte e o quarto tempo fraco:

EXERCÍCIOS DE CORDAS SOLTAS

Nestes exercícios, posicione a mão direita (esquerda, se for canhoto) relaxadamente sobre as cordas. Pode-se apoiar o dedo polegar sobre um captador, se isso der maior segurança. Toque firmemente as cordas, alternando sempre o movimento dos dedos indicador e médio.
Lembre-se de manter a musculatura dos braços relaxada. Use um metrônomo ajustado em 60 batidas por minuto (Bpms).

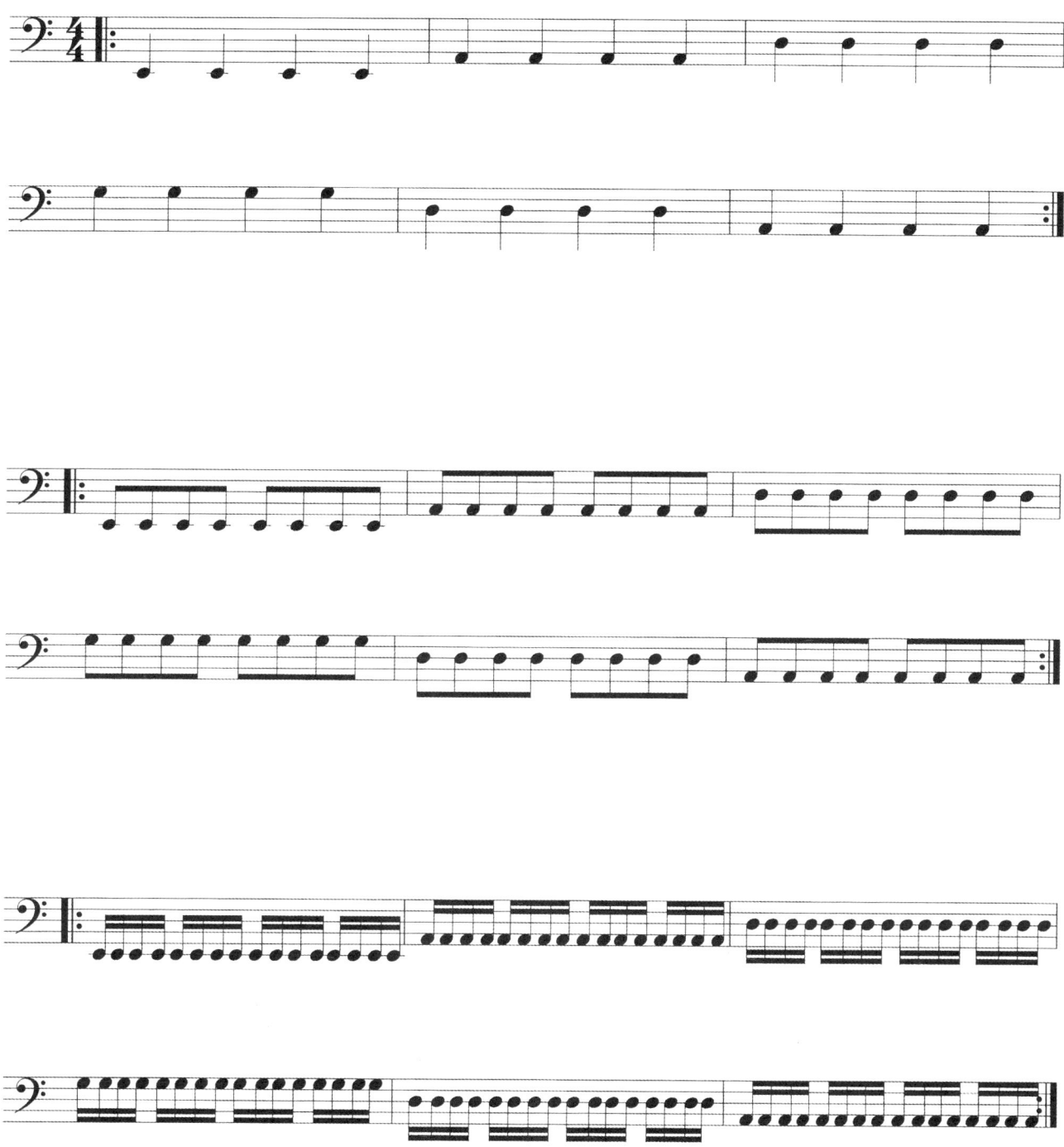

EXERCÍCIOS DE AQUECIMENTO

Estes exemplos servem para aquecer a mão esquerda (direita para o canhoto), preparando-a para os exercícios que virão a seguir. Conforme explicado anteriormente, apóie o dedo polegar atrás do braço do instrumento e projete os outros quatro dedos um para cada nota (casa) da escala. Alterne sempre o movimento dos dedos indicador e médio da mão direita.

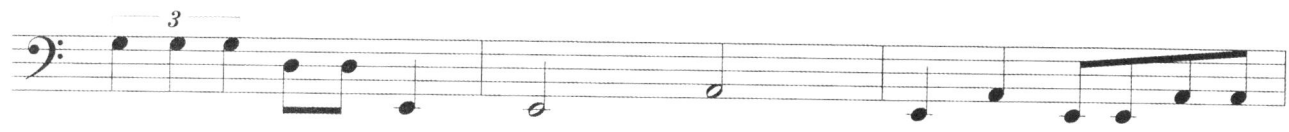

EXERCÍCIOS DE AQUECIMENTO

TONALIDADE MAIOR

A tonalidade maior compreende uma escala de 7 sons com a seguinte configuração:

tom - tom - ½ tom - tom - tom - tom - ½ tom

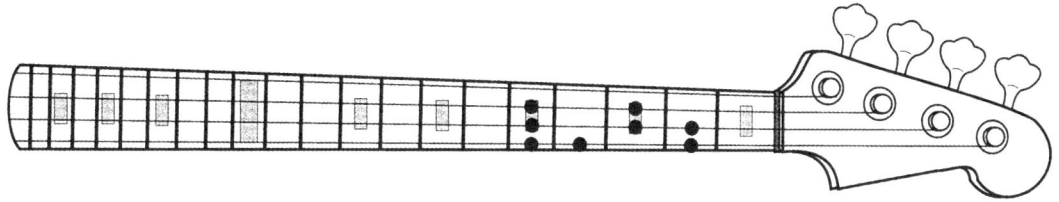

Isto determina a distância entre cada nota, facilitando desta forma a acomodação nas 12 tônicas.

O primeiro exercício demonstra a escala de Dó Maior em uma oitava. Ajuste o metrônomo em 60BPMs para iniciar. Cabe frisar a importância do estudo em várias digitações diferentes, pois o fato de decorar somente um desenho melódico para um determinado tipo de escala limita as possibilidades de execução musical. Siga os modelos propostos, experimentando todas as possibilidades. Sempre que estudar procure solfejar os nomes das notas que está tocando para fixar bem sua localização.

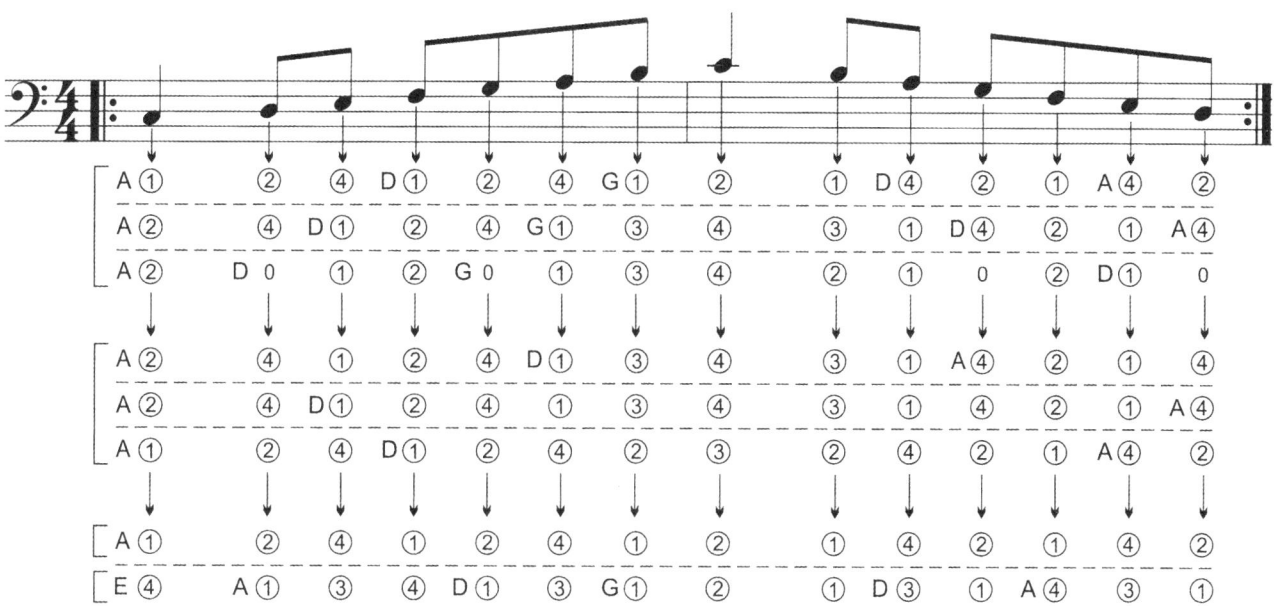

No segundo exemplo temos a mesma escala de Dó Maior, sendo agora em duas oitavas. Isto serve para conhecermos o braço inteiro do instrumento, impedindo mais uma vez as limitações de se conhecer apenas as regiões graves. Um erro que muitos músicos iniciantes cometem, por falta de conhecimento técnico, é tocar linhas melódicas sempre na mesma região e com os mesmos desenhos, o que os torna rapidamente previsíveis. A forma mais gratificante de superar esta falha é estudar escalas, arpejos e melodias em toda a extensão do braço do contrabaixo, desde a região mais grave até as notas mais agudas.

ARPEJO MAIOR

Arpejos são intervalos melódicos extraídos da própria escala para formar acordes. Os arpejos apresentados nesta sessão demonstram intervalos de terças extraídos da própria escala maior. No primeiro exemplo, temos o arpejo de Dó Maior em uma oitava, e no segundo, em duas oitavas.

Após estar confortável com as diversas digitações dos exercícios anteriores, estude os exercícios em outras tonalidades maiores.

ESCALAS MAIORES

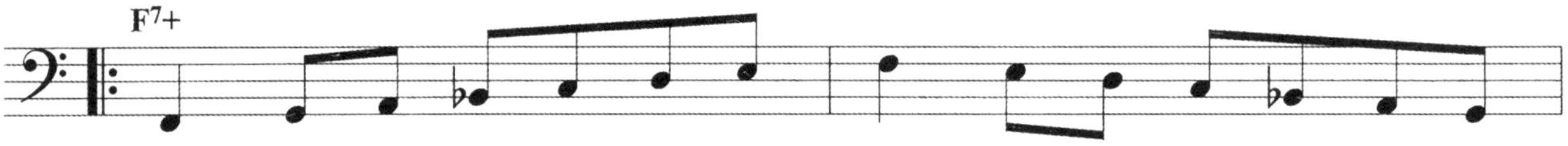

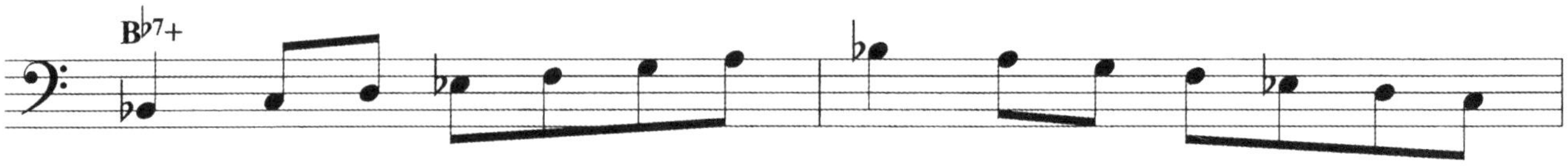

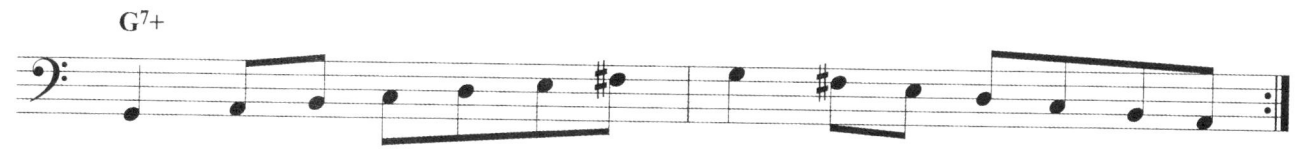

INVERSÕES DE ARPEJOS

Inverter um arpejo significa alternar o posicionamento e a seqüência de suas notas. Em um exemplo mais claro, o arpejo de Dó Maior é: Dó - Mi - Sol - Si. Podemos, evidentemente, inverter esta seqüência para Sol - Si - Mi - Dó sem que, com, isso, hja alterações na estrutura do arpejo. Isto significa que este ainda é um arpejo de Dó Maior, apesar da alteração seqüencial. Neste exemplo, propomos todas as inversões possíveis para um arpejo tétrade. Estude com o metrônomo em 60BPM e nos 12 tons maiores.

TONALIDADE MENOR NATURAL

A tonalidade menor corresponde a uma escala de 7 sons com a seguinte configuração:

tom - ½ tom - tom - tom - ½ tom - tom - tom

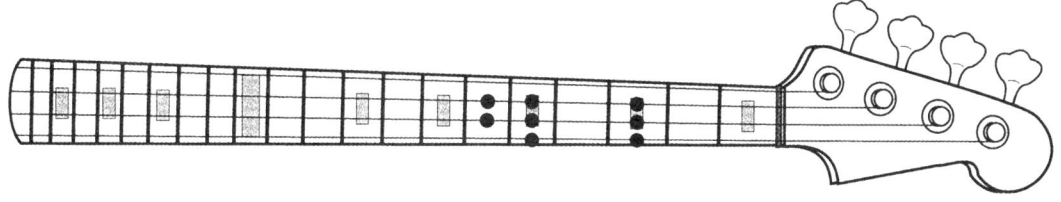

É formada a partir do sexto grau da escala maior.

MENOR NATURAL

ARPEJO MENOR

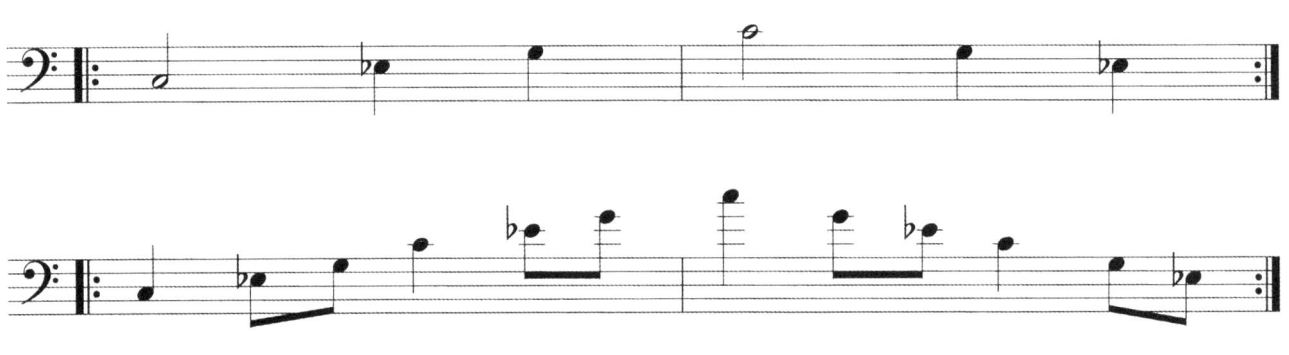

ESCALAS MENORES

Fm⁷

B♭m⁷

E♭m⁷
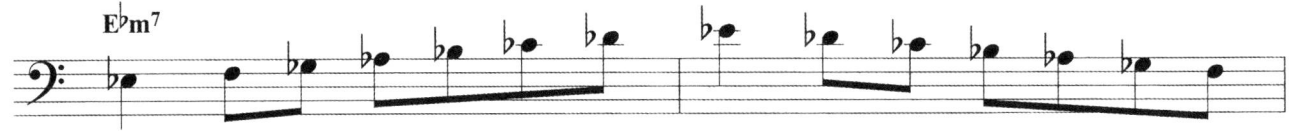

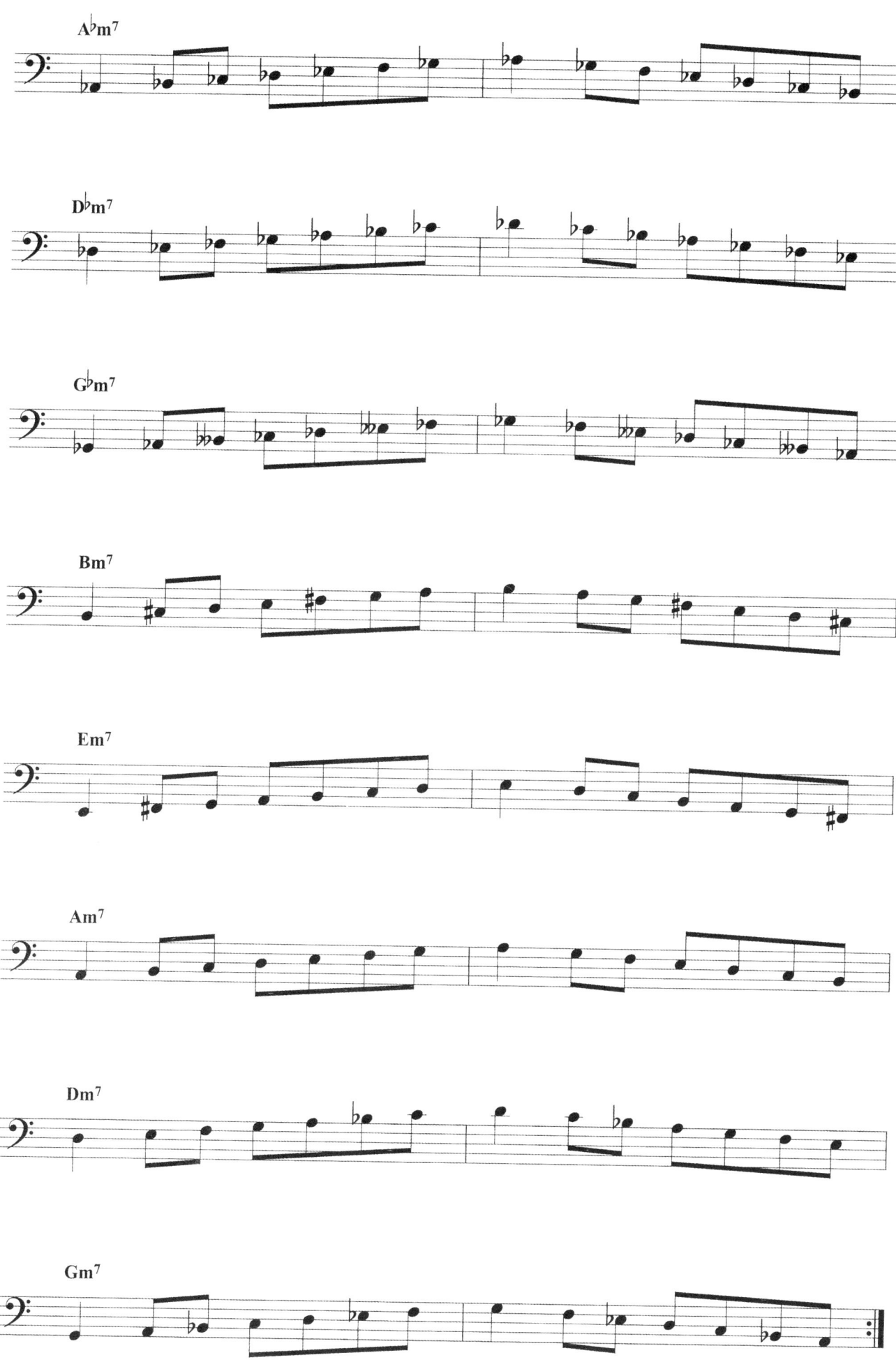

INVERSÕES DE ARPEJOS

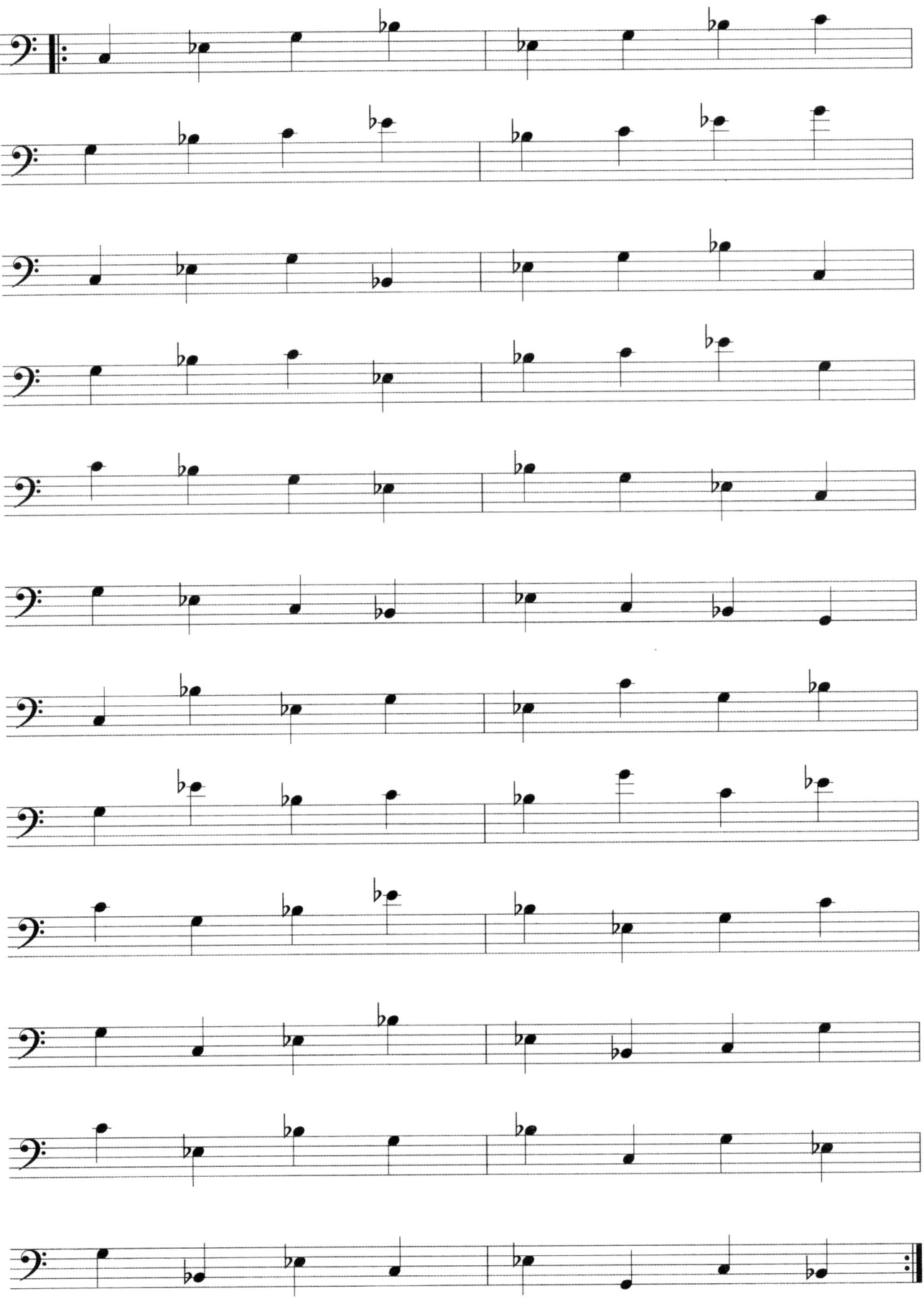

ESCALA MENOR HARMÔNICA

A escala menor harmônica difere da natural por possuir uma sétima maior, e é composta por 7 notas com a seguinte configuração:

tom - ½ tom - tom - tom - ½ tom - 1½ tom - ½ tom

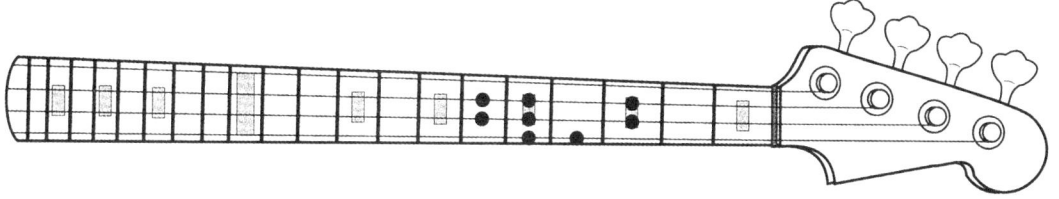

Atente para o intervalo de um tom e meio entre o sexto e o sétimo grau, além do intervalo de meio tom da sétima maior para a oitava.

MENOR HARMÔNICA

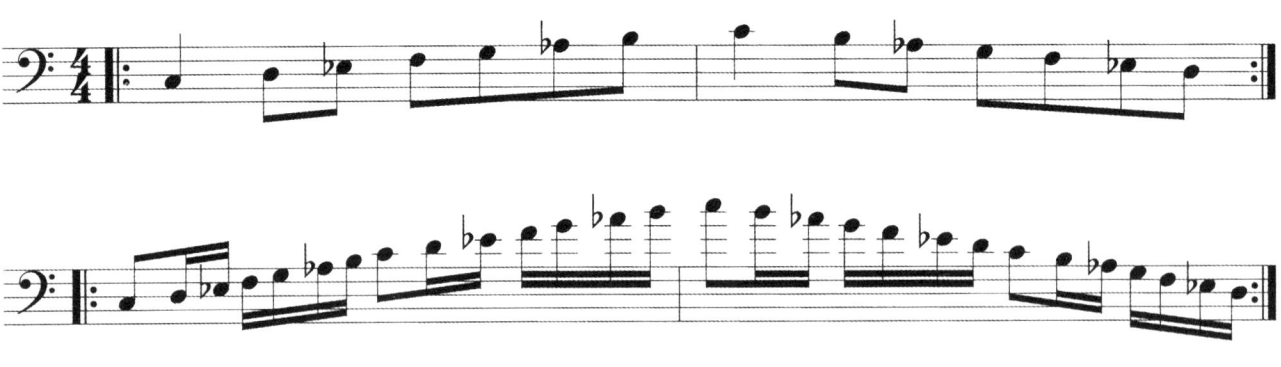

ARPEJO MENOR HARMÔNICO

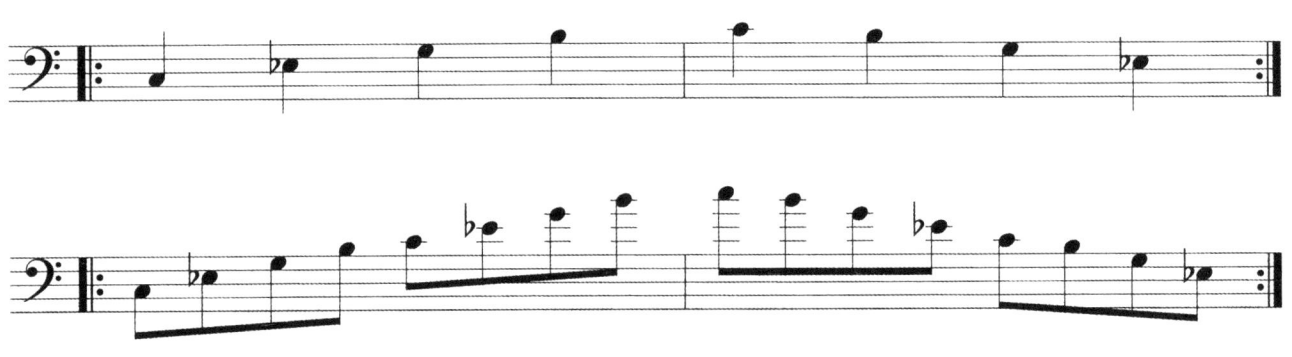

ESCALAS MENORES HARMÔNICAS

Fm7+

B♭m7+

E♭m7+

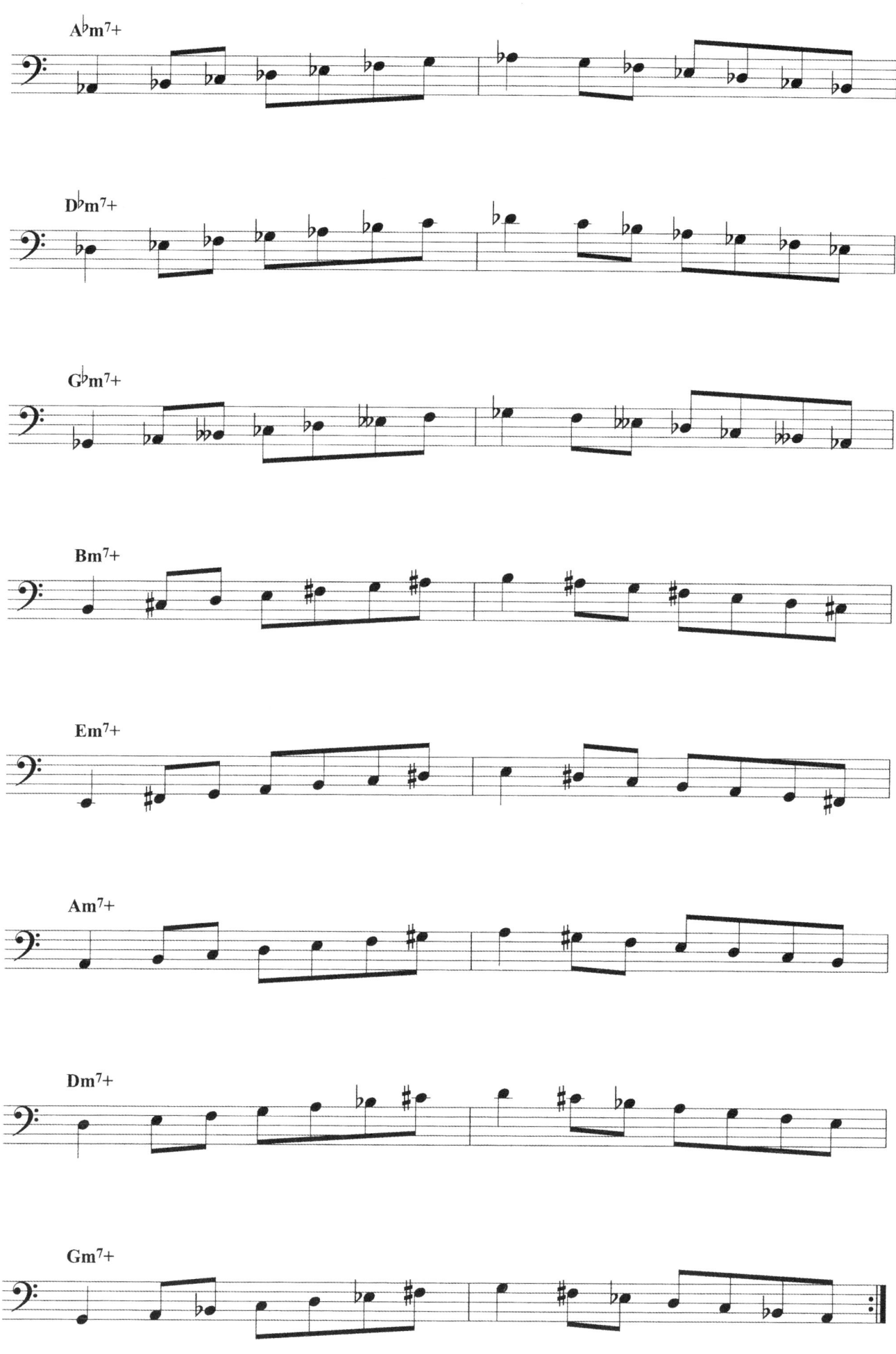

INVERSÕES DE ARPEJOS

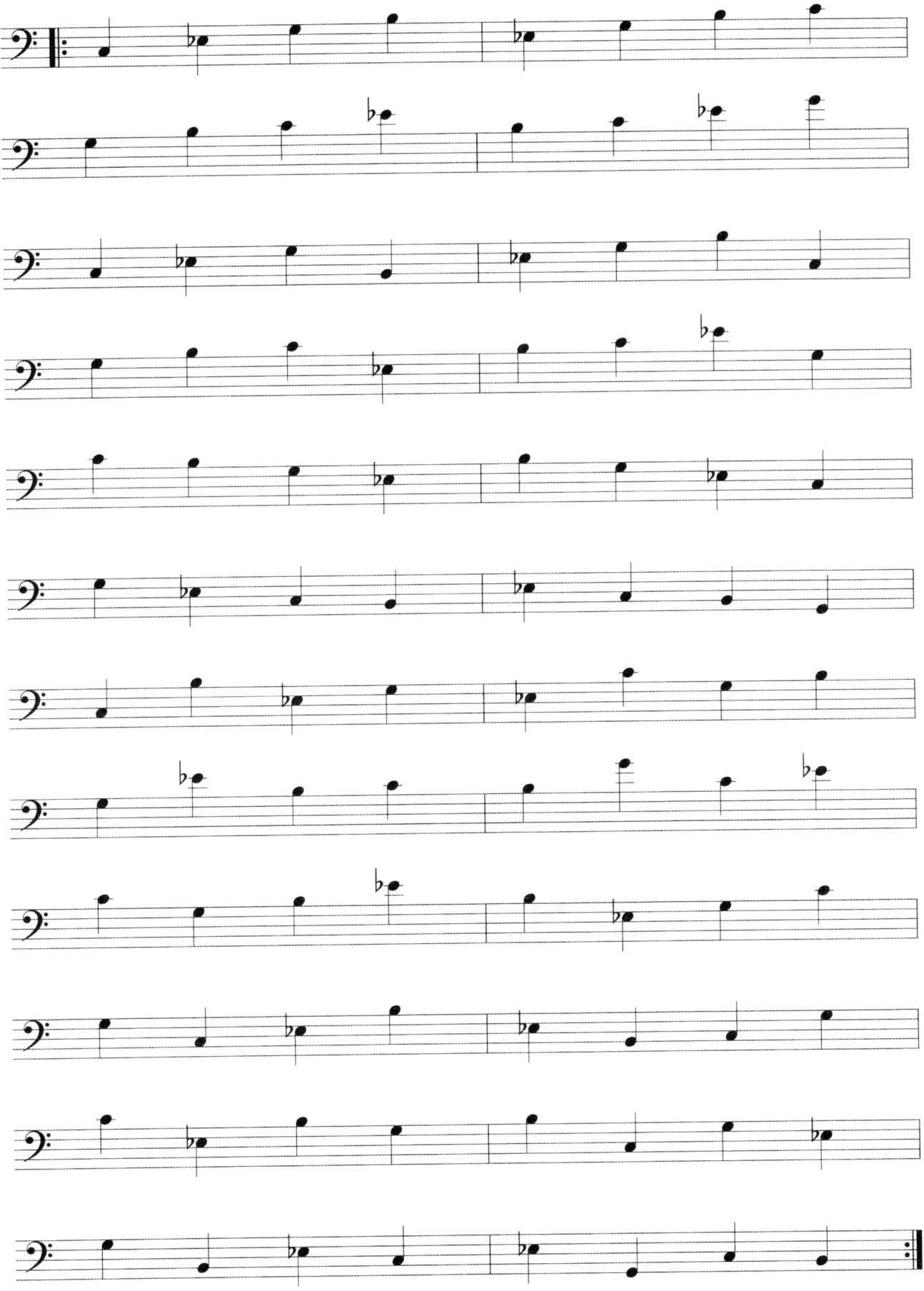

ESCALA MENOR MELÓDICA

A escala menor melódica difere da natural por possuir uma sexta e uma sétima maior, e é composta por 7 notas com a seguinte configuração:

| tom - ½ tom - tom - tom - tom - 1½ tom - ½ tom |

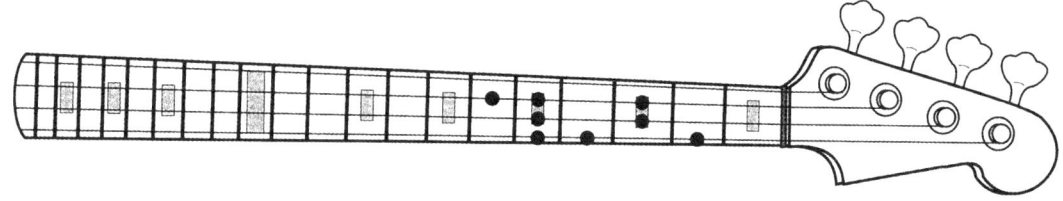

MENOR MELÓDICA

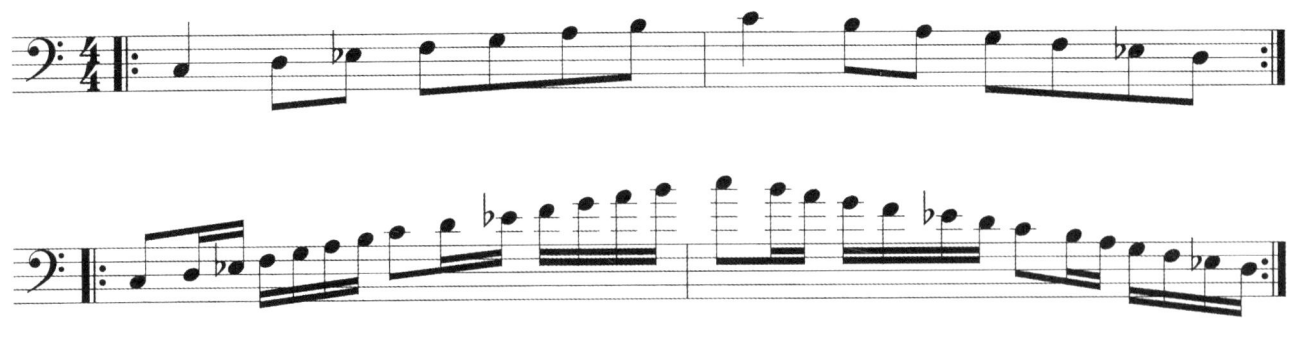

ARPEJOS MENORES MELÓDICOS

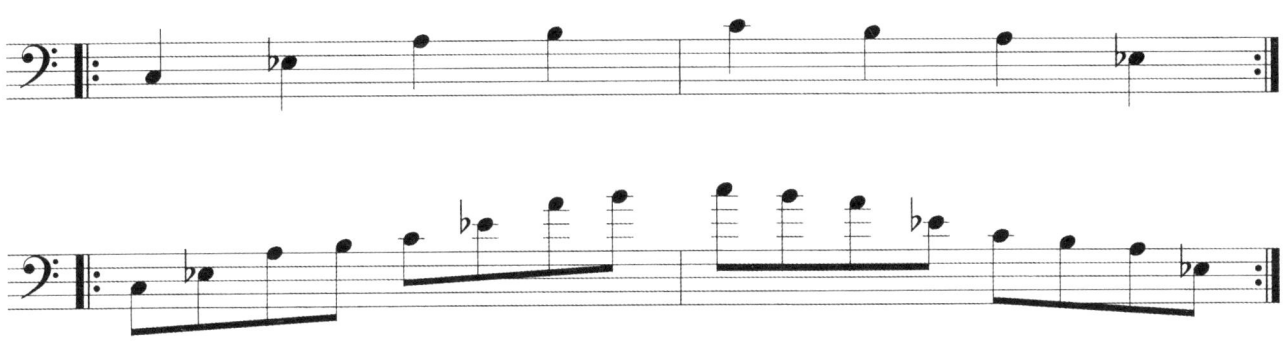

ESCALAS MENORES MELÓDICAS

Fm7+

B♭m7+

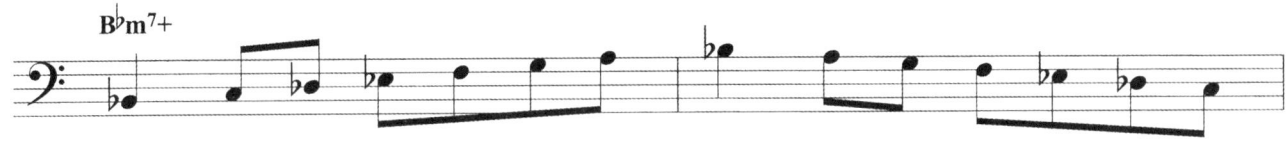

E♭m7+

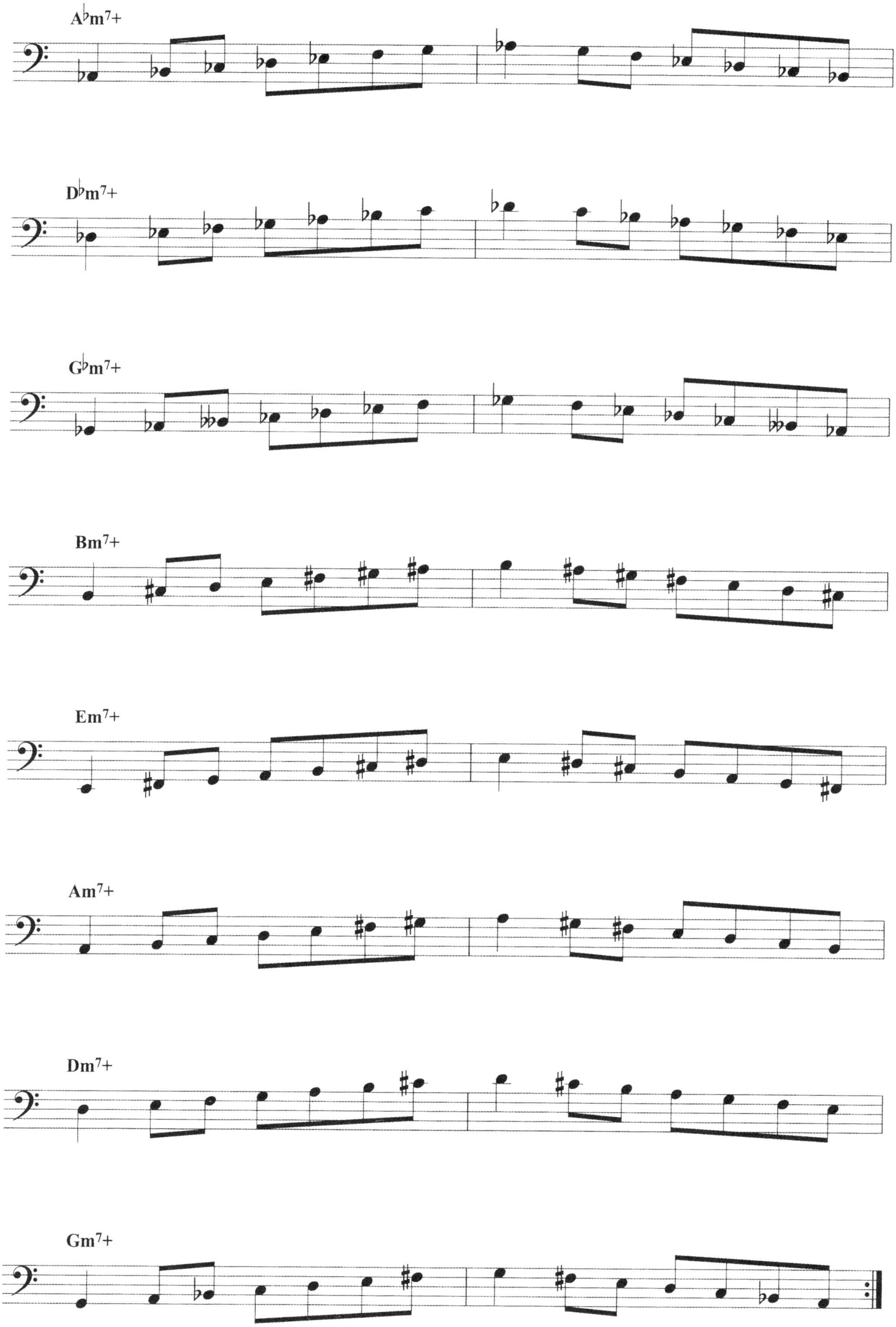
A♭m7+
D♭m7+
G♭m7+
Bm7+
Em7+
Am7+
Dm7+
Gm7+

ESCALA DOMINANTE

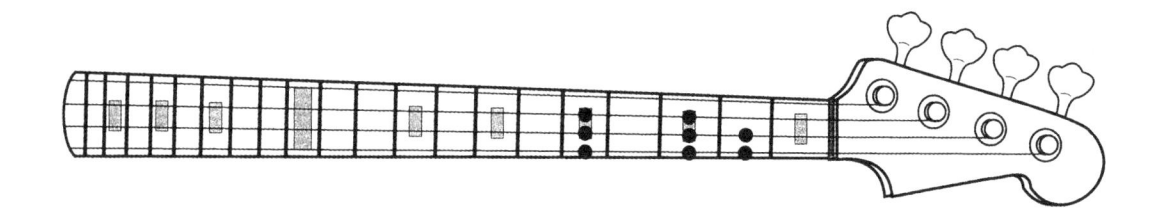

A escala dominante é exatamente uma escala maior com a sétima menor,
por isso possui o caráter de preparação para a tônica:

tom - tom - ½ tom - tom - tom - ½ tom - tom

ESCALA DOMINANTE

ARPEJO DOMINANTE

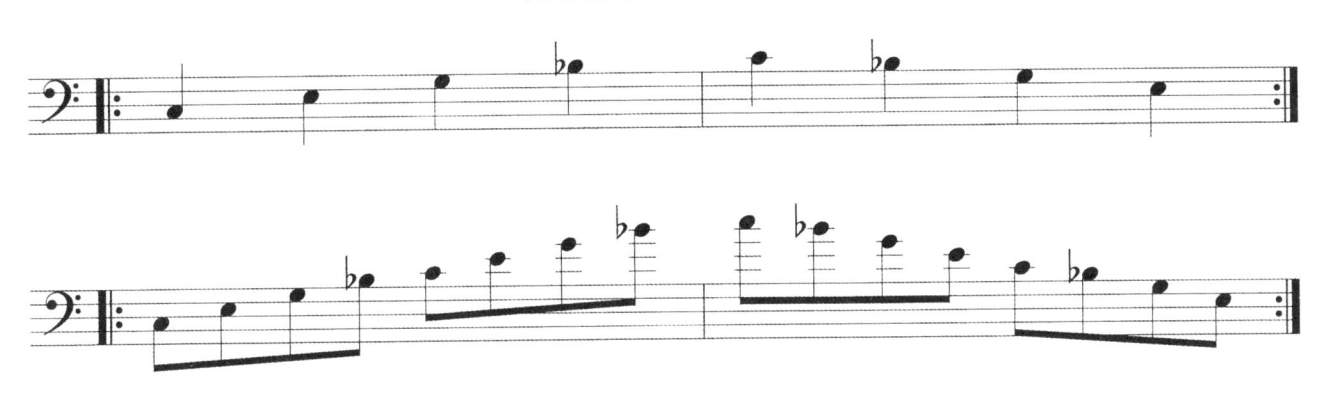

ESCALAS DOMINANTES

F⁷

B♭⁷

E♭⁷

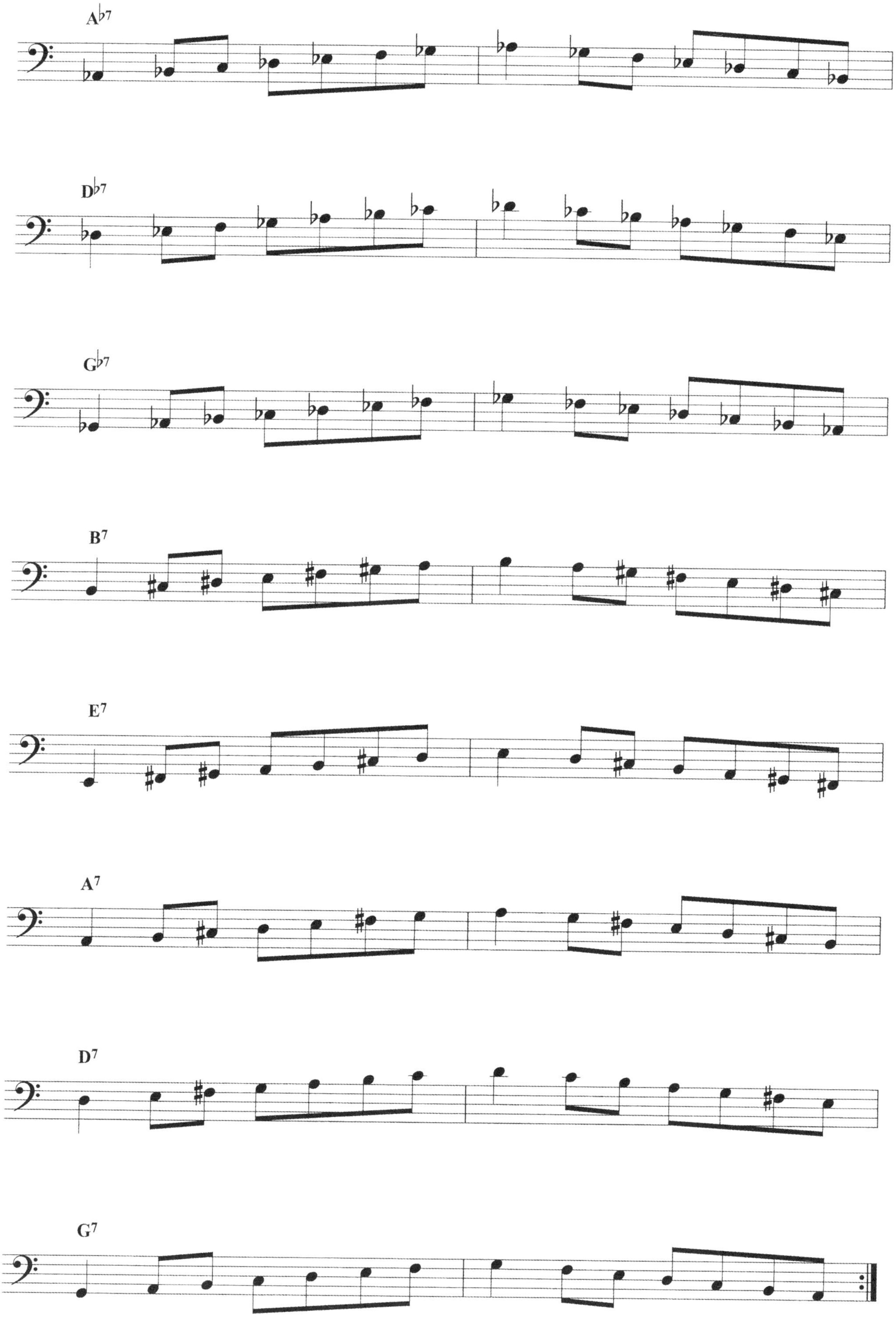
A♭7
D♭7
G♭7
B7
E7
A7
D7
G7

INVERSÕES DE ARPEJOS

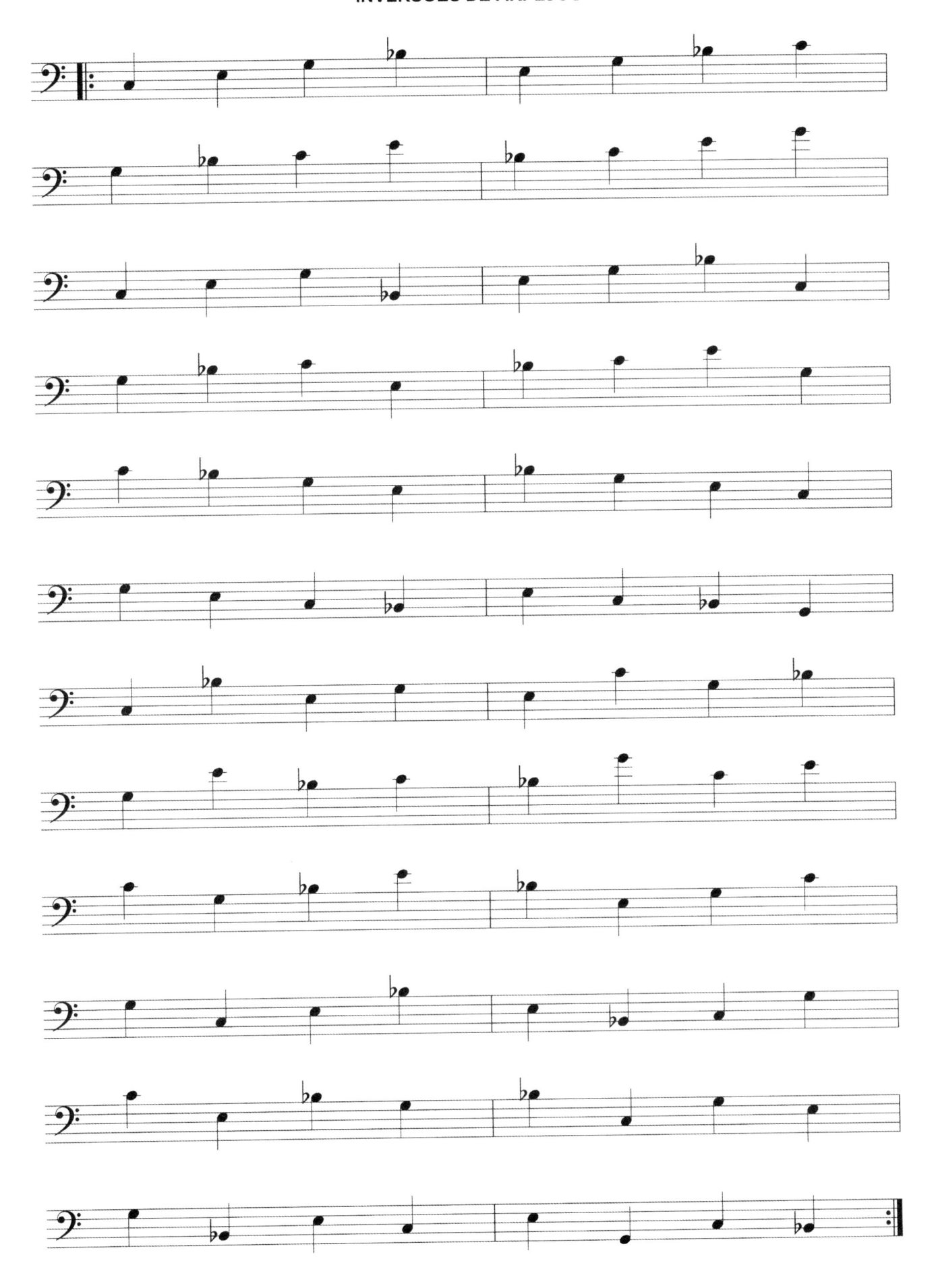

ESCALA DIMINUTA

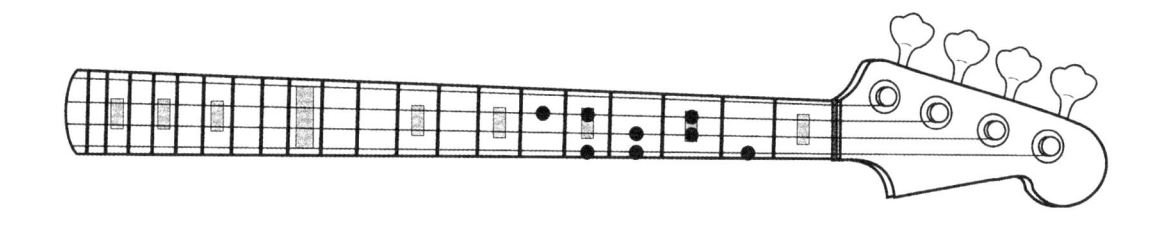

A escala diminuta pode ser descrita como uma escala menor, ou seja,
contendo a terça menor, a quinta diminuta e a sétima diminuta. Esta escala exótica contém 8 notas:

> **tom - tom - ½ tom - tom - ½ tom - tom - 1½ tom**

ESCALA DIMINUTA

ARPEJO DIMINUTO

ESCALAS DIMINUTAS

Fdim

B♭dim

E♭dim

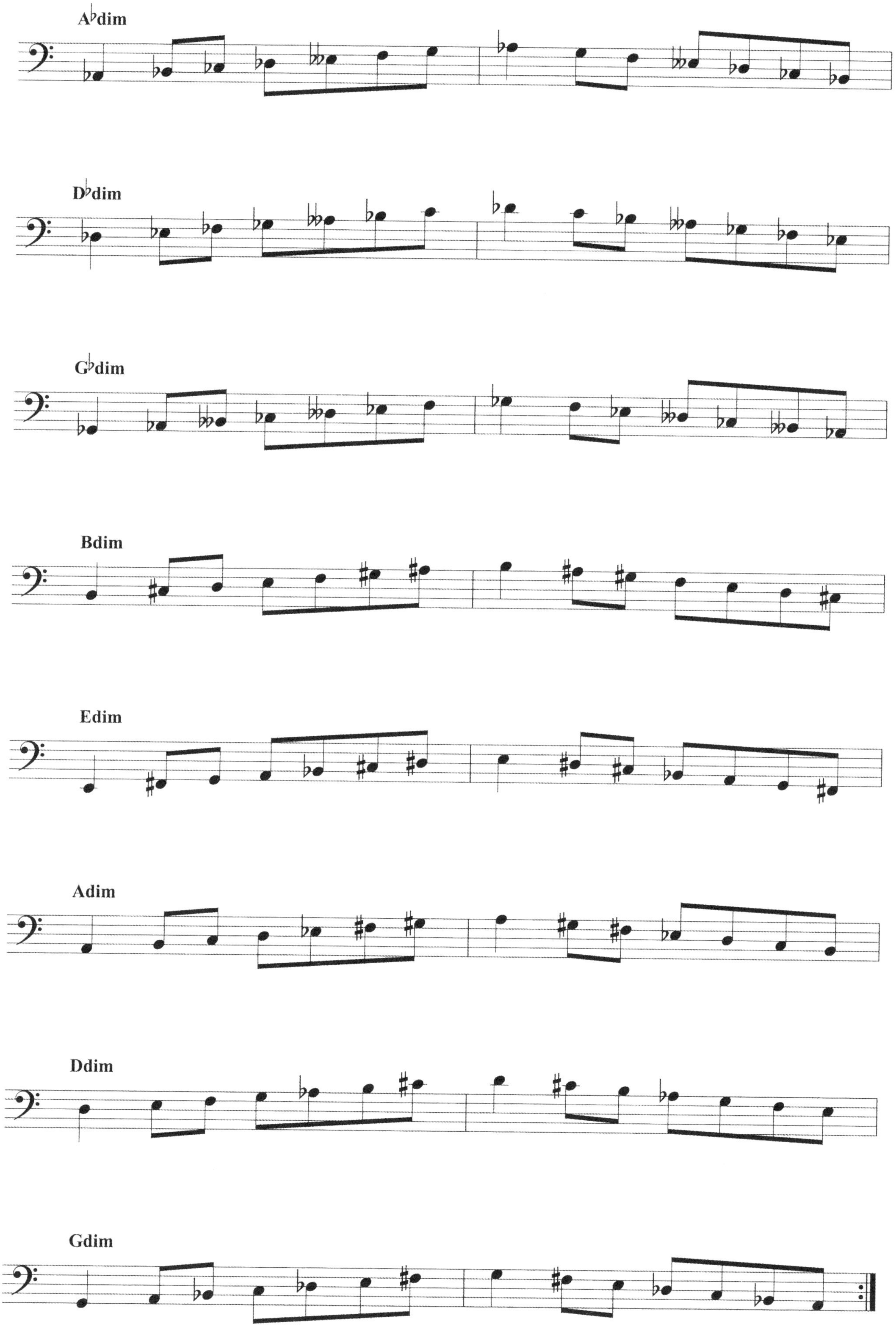
A♭dim
D♭dim
G♭dim
Bdim
Edim
Adim
Ddim
Gdim

INVERSÕES DE ARPEJOS

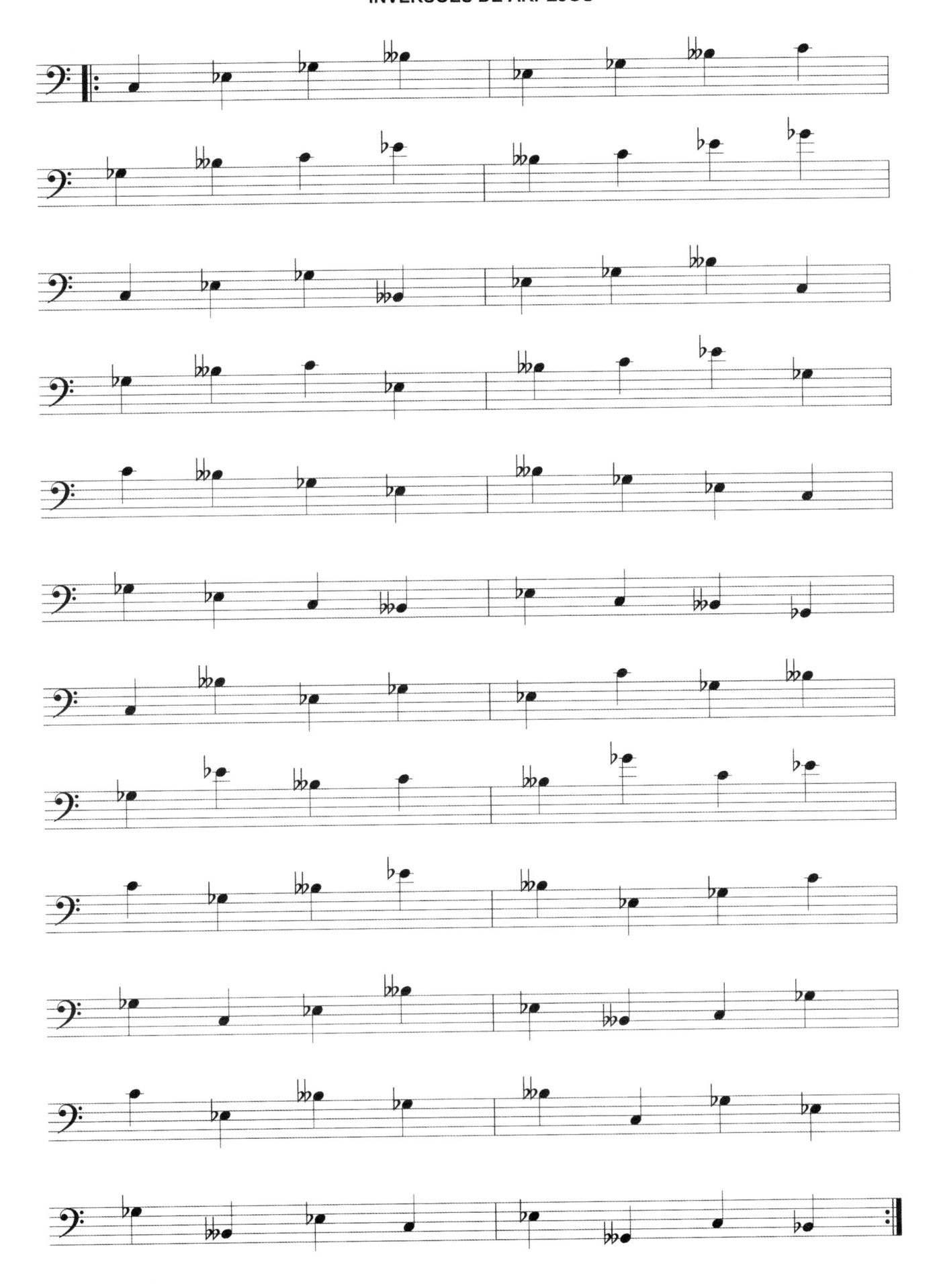

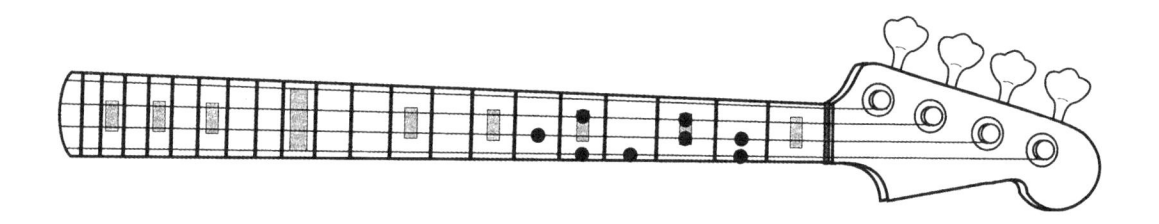

ESCALA AUMENTADA

Outra variante da escala maior, porém com a quinta aumentada:

tom - tom - ½ tom - 1½ tom - ½ tom - tom - ½ tom

ESCALA AUMENTADA

ARPEJO AUMENTADO

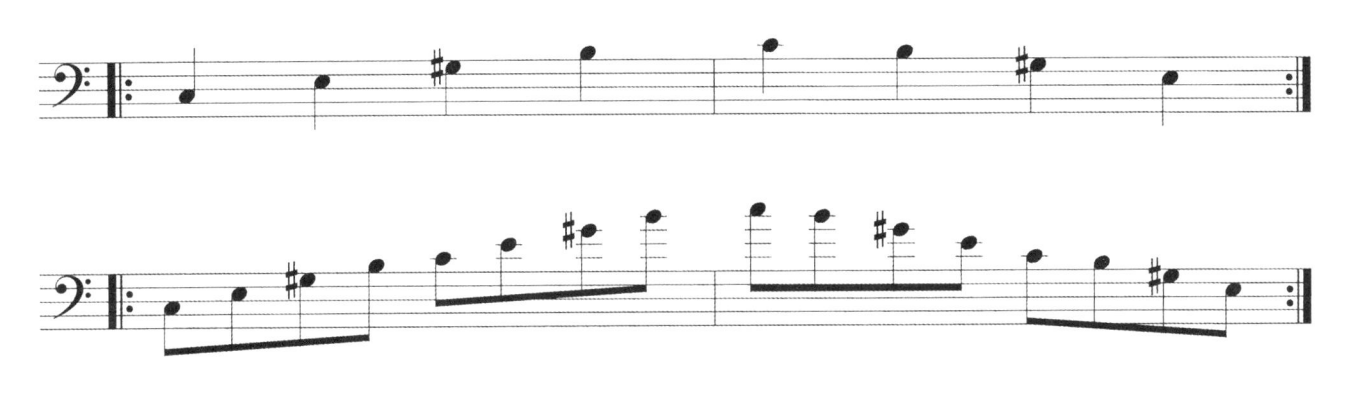

ESCALAS AUMENTADAS

F^{7+5+}

B^{b7+5+}

E^{b7+5+}

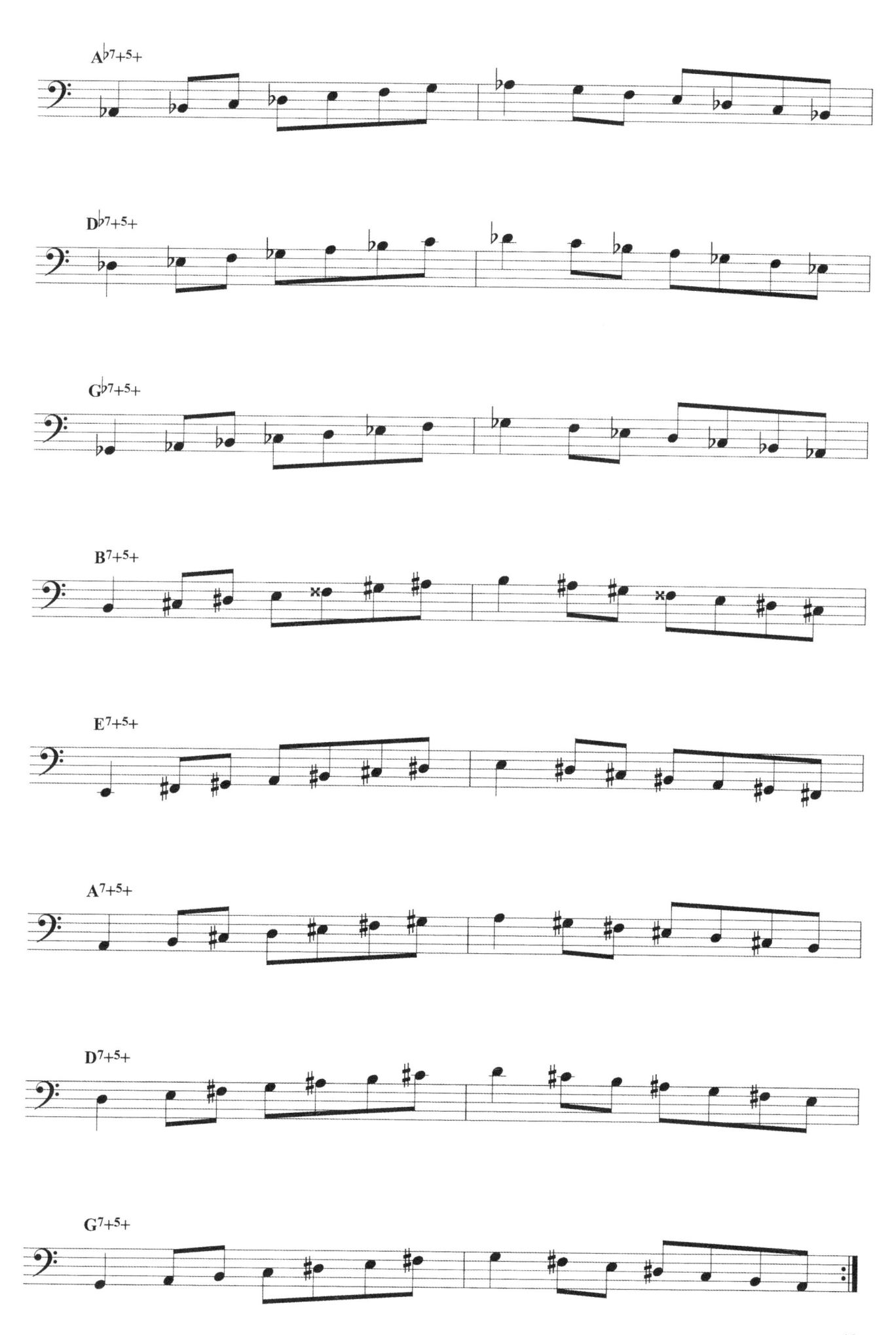

INVERSÕES DE ARPEJOS

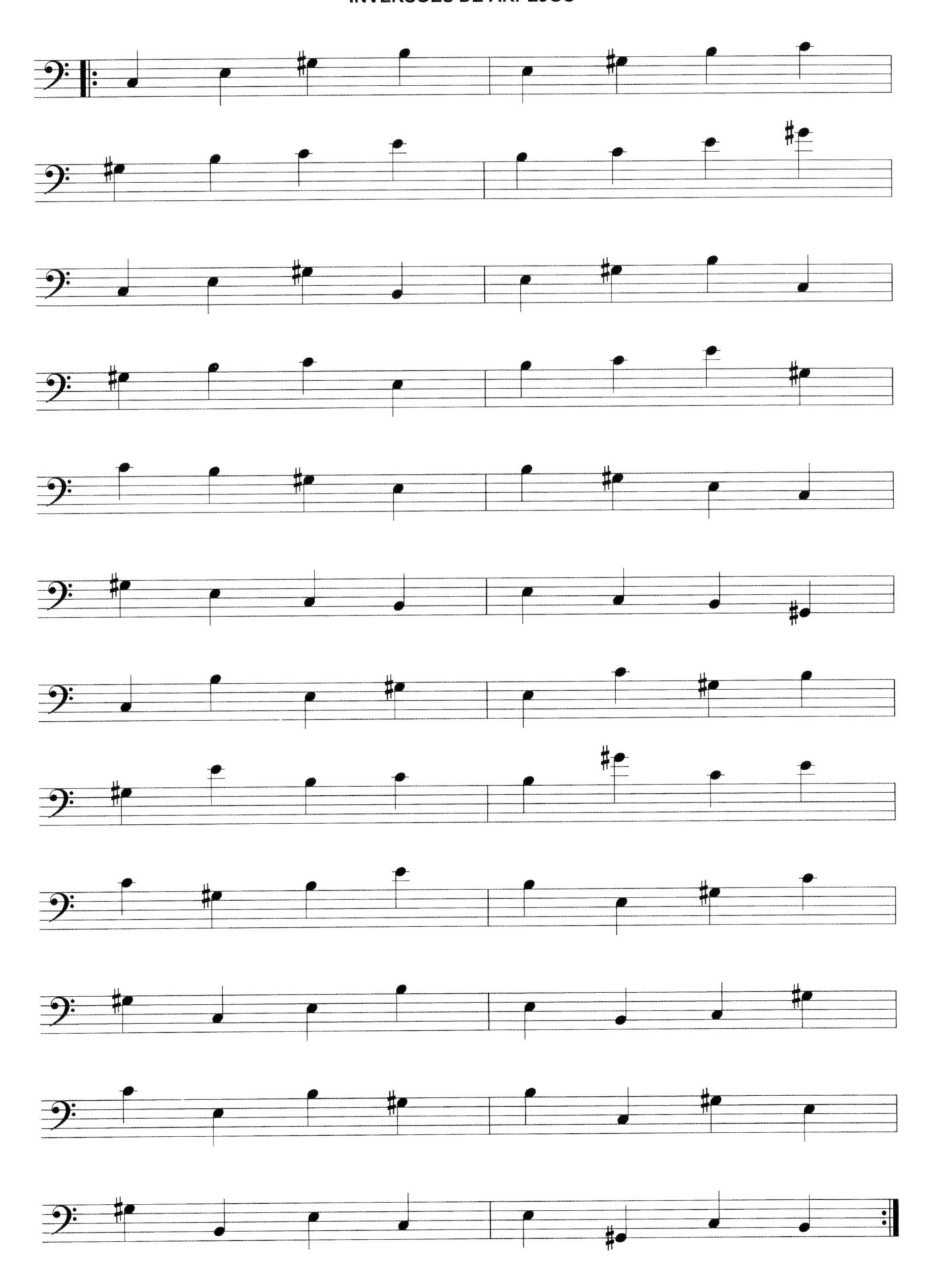

ESCALA PENTATÔNICA

Escala de cinco notas, sem a presença do trítono.
Nos próximos exemplos, temos as escalas pentatônicas menores.

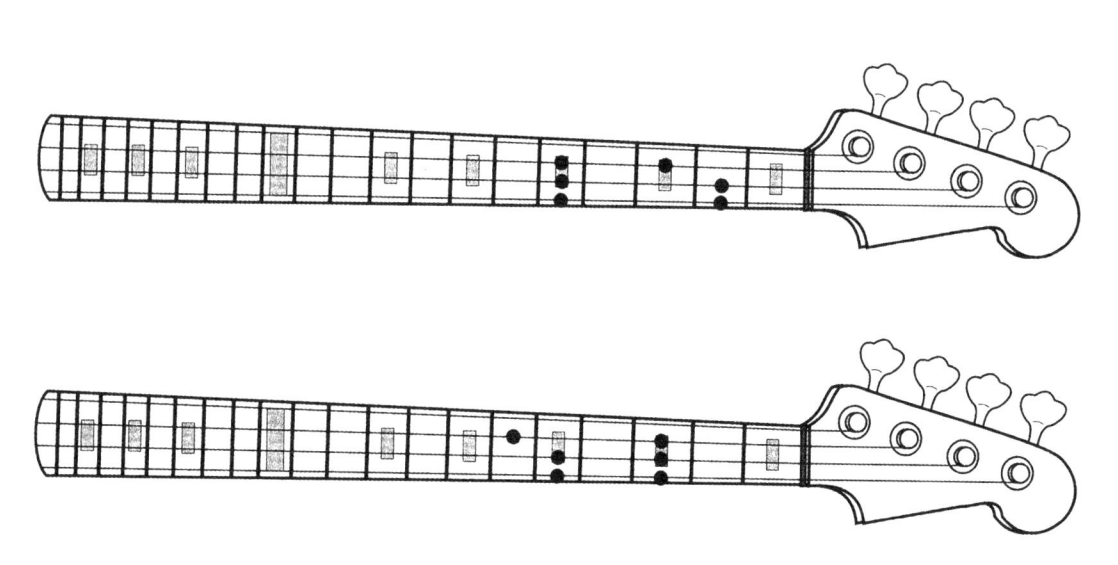

ESCALAS PENTATÔNICAS MENORES

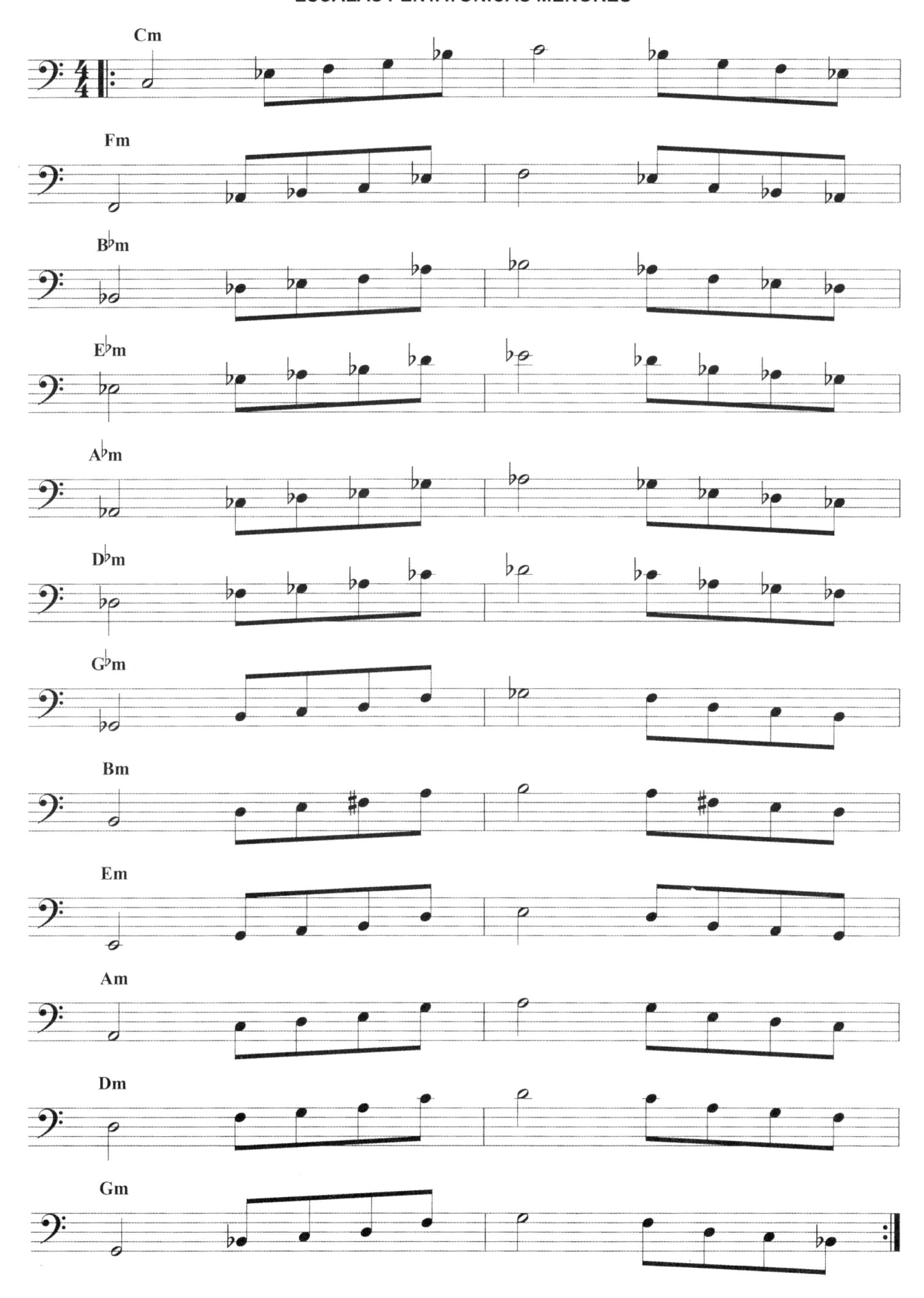

MODOS GREGORIANOS

Anciãs das atuais escalas, os modos gregorianos foram batizados com os nomes de antigos povos gregos.
Atualmente, estes modos, revistos, são usados como escalas para improvisação como variantes
das tonalidades básicas: maior e menor.

OS MODOS GREGOS

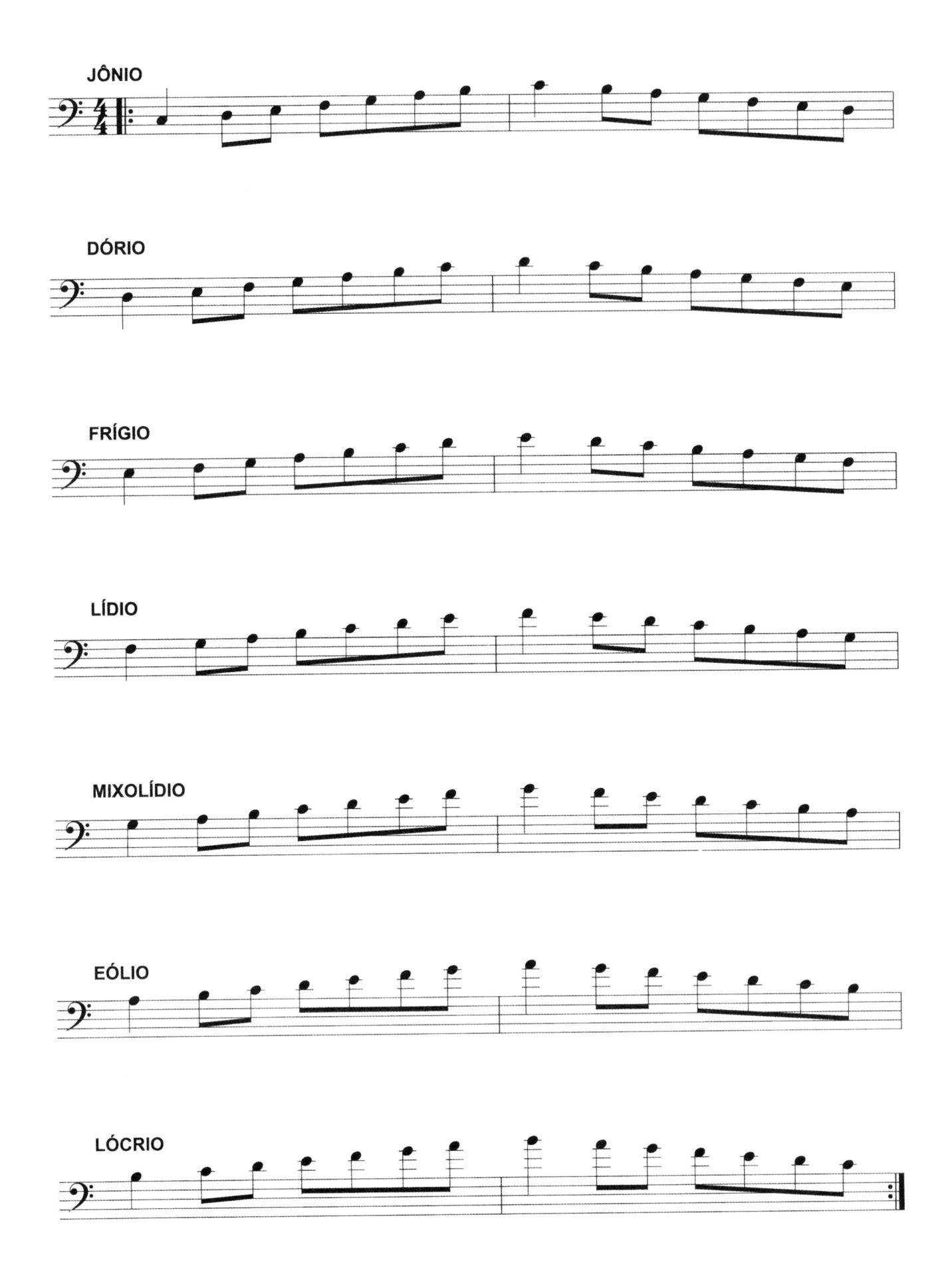

JÔNIO

DÓRIO

FRÍGIO

LÍDIO

MIXOLÍDIO

EÓLIO

LÓCRIO

ENCADEAMENTO DE ARPEJOS

Em seguida são propostos vários exercícios de encadeamento harmônico através de arpejo e estudos modais.

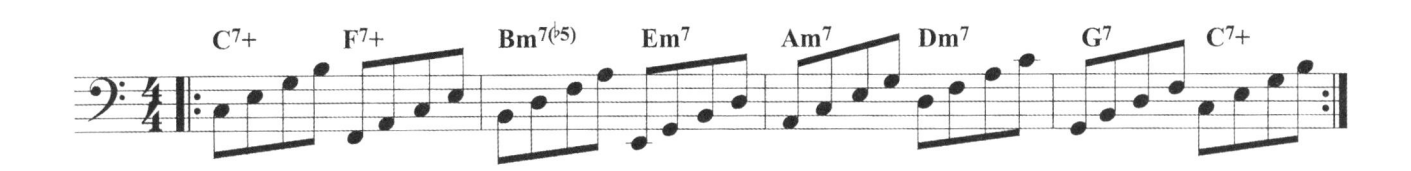

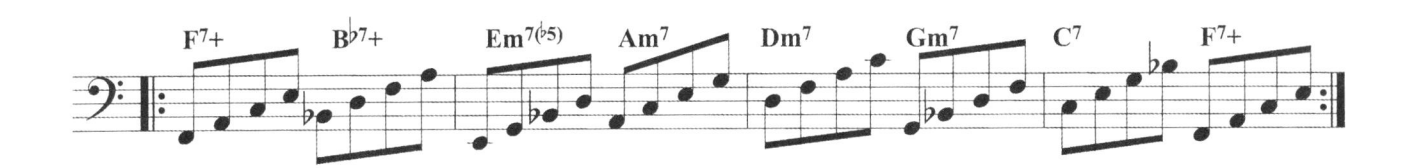

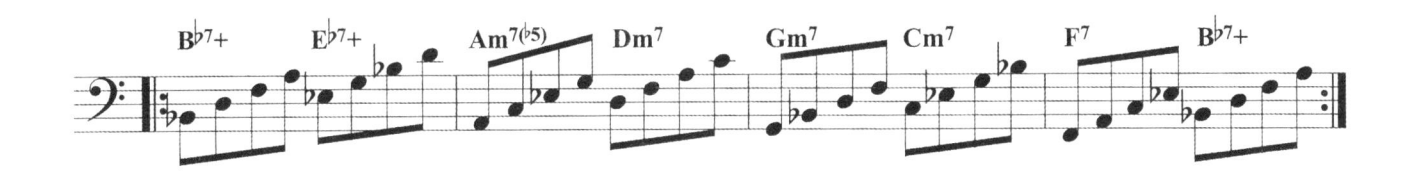

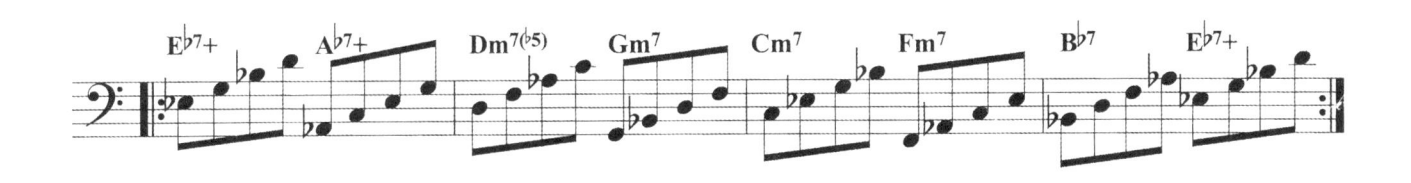

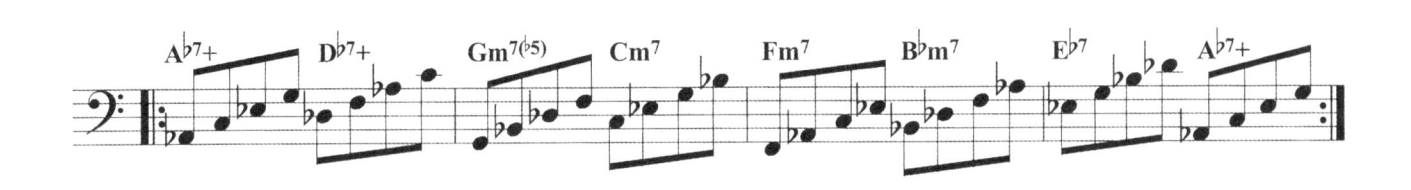

ENCADEAMENTO DE ARPEJOS

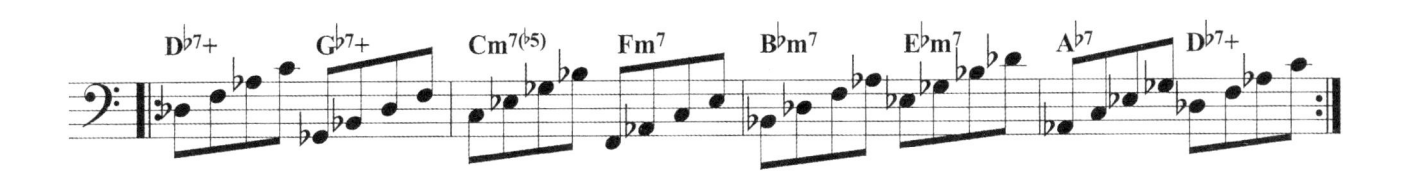

G♭7+ C♭7+ Fm7(♭5) Bm7 E♭m7 A♭m7 D♭7 G♭7+
B7+ E7+ A♯m7(♭5) D♯m7 G♯m7 C♯m7 F♯7 B7+
E7+ A7+ D♯m7(♭5) G♯m7 C♯m7 F♯m7 B7 E7+
A7+ D7+ G♯m7(♭5) C♯m7 F♯m7 Bm7 E7 A7+
D7+ G7+ C♯m7(♭5) F♯m7 Bm7 Em7 A7 D7+
G7+ C7+ F♯m7(♭5) Bm7 Em7 Am7 D7 G7+

ENCADEAMENTOS EM QUARTAS

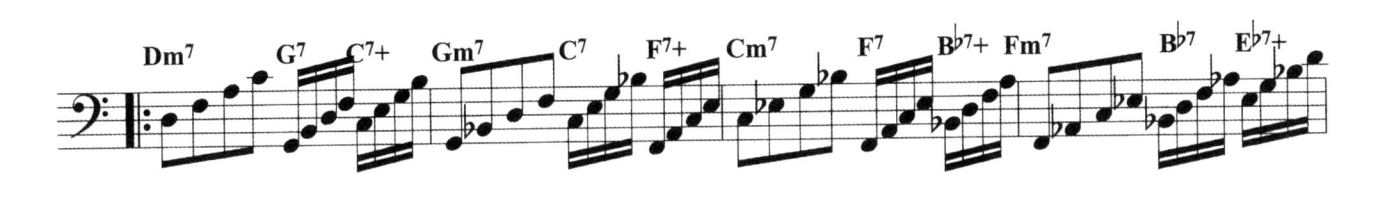

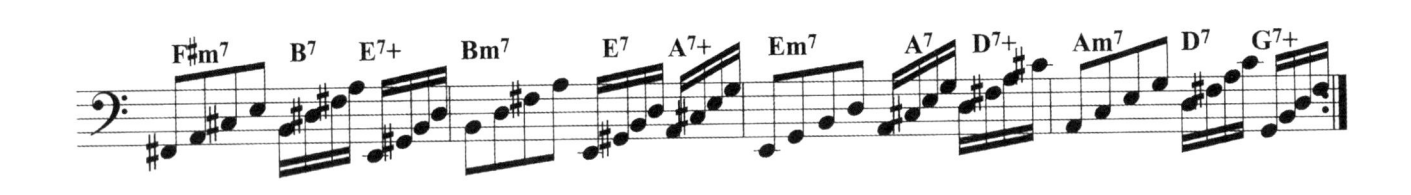

ENCADEAMENTOS CROMÁTICOS

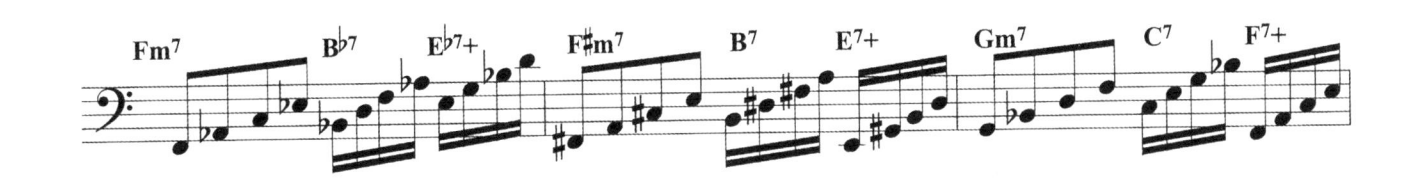

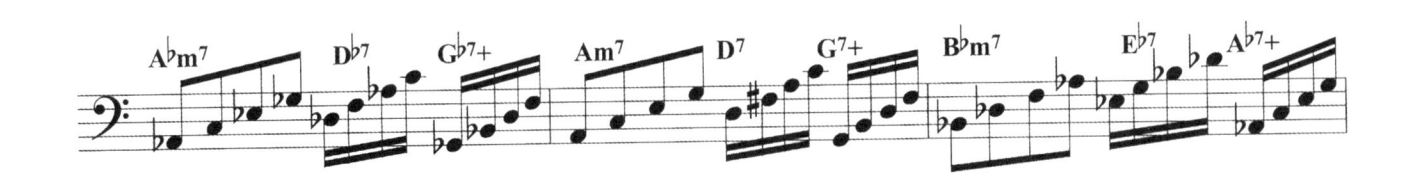

ENCADEAMENTOS EM TERÇAS MENORES

ENCADEAMENTOS EM TERÇAS MAIORES

ESTUDOS MODAIS EM QUARTAS

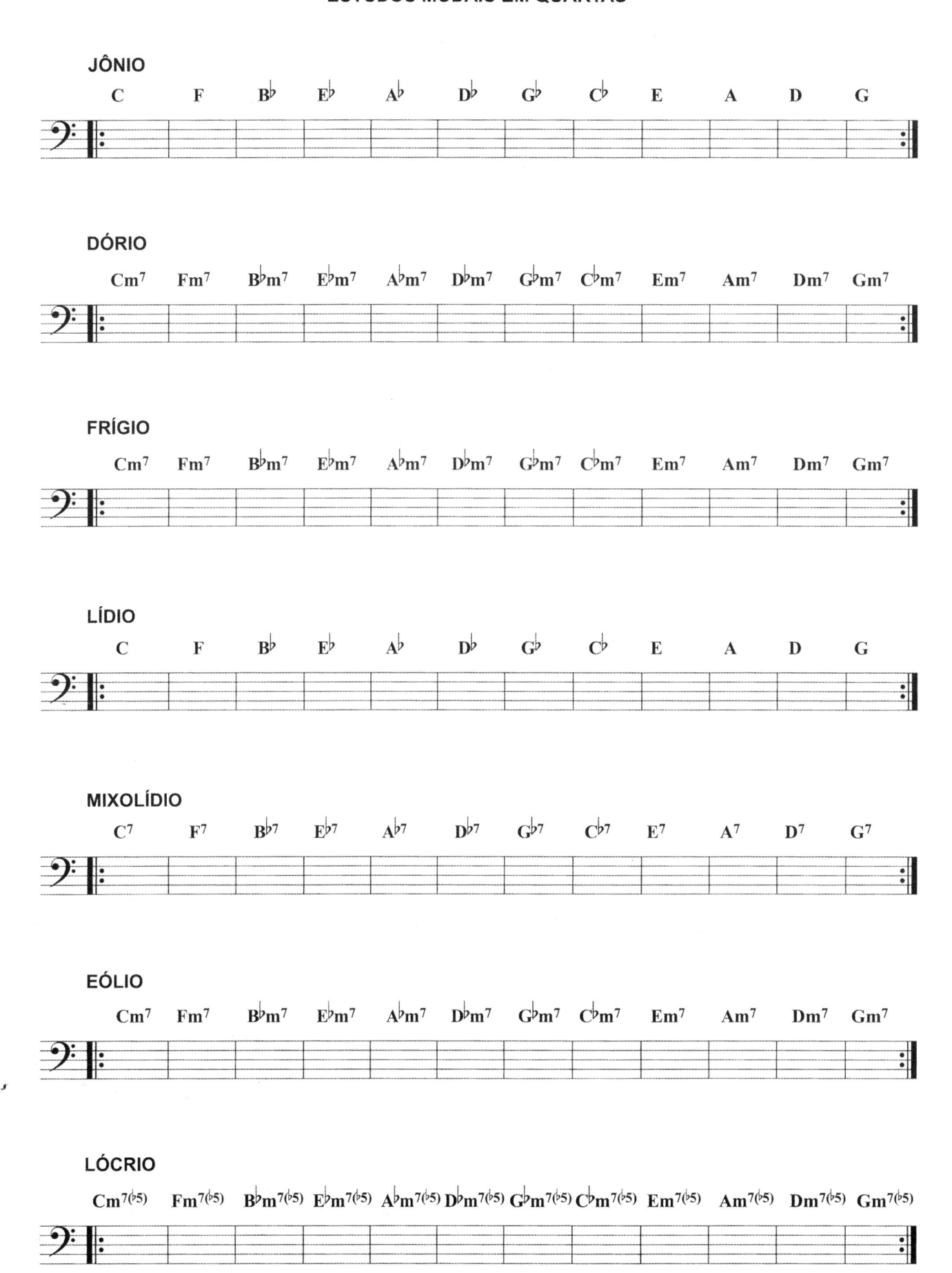

JÔNIO

| C | F | B♭ | E♭ | A♭ | D♭ | G♭ | C♭ | E | A | D | G |

DÓRIO

| Cm7 | Fm7 | B♭m7 | E♭m7 | A♭m7 | D♭m7 | G♭m7 | C♭m7 | Em7 | Am7 | Dm7 | Gm7 |

FRÍGIO

| Cm7 | Fm7 | B♭m7 | E♭m7 | A♭m7 | D♭m7 | G♭m7 | C♭m7 | Em7 | Am7 | Dm7 | Gm7 |

LÍDIO

| C | F | B♭ | E♭ | A♭ | D♭ | G♭ | C♭ | E | A | D | G |

MIXOLÍDIO

| C7 | F7 | B♭7 | E♭7 | A♭7 | D♭7 | G♭7 | C♭7 | E7 | A7 | D7 | G7 |

EÓLIO

| Cm7 | Fm7 | B♭m7 | E♭m7 | A♭m7 | D♭m7 | G♭m7 | C♭m7 | Em7 | Am7 | Dm7 | Gm7 |

LÓCRIO

| Cm7(♭5) | Fm7(♭5) | B♭m7(♭5) | E♭m7(♭5) | A♭m7(♭5) | D♭m7(♭5) | G♭m7(♭5) | C♭m7(♭5) | Em7(♭5) | Am7(♭5) | Dm7(♭5) | Gm7(♭5) |

SOBRE O AUTOR

Tem sido um grande prazer trabalhar com Jorge Pescara em discos de Dom Um Romão, Ithamara Koorax, Pingarilho, Brazil All-Stars e vários outros. Tremendamente versátil, é capaz de atuar com igual maestria em diversos contextos. Dono de uma *pegada* segura e precisa, ele já figura entre os melhores contrabaixistas do Brasil - bastaria sua execução nos álbuns "Lake of Perseverance" (de Dom Um Romão) e "Brazilian Butterfly" (Koorax) para provar isso. Profundo conhecedor do seu instrumento, que ele domina em vários *formatos*, mostra-se igualmente notável tanto no baixo elétrico tradicional de 4 e 6 cordas como no *fretless*, baixo vertical e no *stick bass*, nada ficando a dever a mestres como Tony Levin. Apesar das fortes (e saudáveis) influências de Marcus Miller, Anthony Jackson e Gary King, além obviamente de Levin, Pescara possui fascinante estilo próprio, como já reconhecem historiadores de jazz como Doug Payne, Ira Gitler e Patrick Dalmace. Em estúdio, Pescara me passa a mesma segurança que grandes baixistas (como Steve Swallow, Alphonso Johnson, Byron Miller, Jamil Joanes, Alex Malheiros e Arthur Maia, com os quais ja trabalhei) sempre proporcionam aos produtores. Um craque que tem muito a ensinar!

ARNALDO **D**E**S**OUTEIRO

Produtor, jornalista, historiador de jazz e música brasileira, crítico de jazz do jornal "Tribuna da Imprensa", e educador – membro da IAJE (International Association for Jazz Education) e da JJA-NY (Jazz Journalists Association-New York).